江戸を知る

江戸学事始め

竹内誠
Makoto Takeuchi

敬文舎

江戸を知る

江戸学事始め

竹内誠
Makoto Takeuchi

敬文舎

構成　森岡　弘夫
図版作成　蓬生　雄司
編集協力　藤井真知子
編集　阿部いづみ

目次——江戸を知る　江戸学事始め

第一章❖江戸という都市……35

第二章❖江戸の武士たち……57

緒　言

本書は、都市江戸研究の第一人者で、二〇二〇年九月六日に逝去された東京学芸大学名誉教授・東京都江戸東京博物館名誉館長の竹内誠氏が、亡くなる直前まで情熱を傾けて執筆した数々のエッセイや、先生が行った講演・対談などを集録したものです。

同氏は江戸東京博物館の館長退職後も、徳川林政史研究所所長として江戸材木商の研究や都市江戸の「緑」の文化にかかわる研究に取り組んでいました。また、豊富な知識と人を和ませるユーモアあふれる語り口で数々の講演を行い、読みやすくわかりやすい内容のエッセイを執筆、基礎研究の成果を展示という具体的な形で表現する博物館・美術館へさまざまなアドバイスをするなど、自身の研究を含めた都市江戸研究の〝体系〟を、より多くの人びとへ紹介することに力を注いできました。

このような活動のなかで中核を占めていたのが、エッセイ執筆でした。竹内氏は、二〇〇九年五月の創刊号から亡くなる直前の二〇二〇年九月号まで、『月刊 江戸楽』（エー・アール・ティ株式会社発行）に、「粋に楽しく江戸ケーション」というシリーズの歴史エッセイを連載しました。病に冒されていることが発覚してからも執筆を続け、連載回数は、じつに一三五回にも達しました。これらのエッセイの内容の一部はすでに『春夏秋冬 江戸っ子の知恵』（小学館、二〇一三年）などに収録されていますが、本書では、同書発行以降に執筆・掲載されたもの、すなわち最晩年の執筆活動の足跡となるエッセイを中心に、同氏の人柄や江戸に対する考え方がよくわかる講演・対談などを加えて構成しました。

本書の収録にあたっては、若干の表記の統一を図った以外は、できるだけオリジナルの形を残すように努めました。そのため、各エッセイのあいだには、内容の重複がみられる箇所もあります。しかし、句読点の位置などを含め、一字一句の表現に苦心しながら紡ぎ出された文章のリズムを可能な限り損なわないようにと考え、このような方針をとりました。あらかじめ読者の方々のご諒解をいただければと思います。

なお、『月刊 江戸楽』掲載時には挿絵図版が付されていませんでしたが、これについては本書の編集にあたり、内容にふさわしいものを新たに収録しました。

本書出版の企画は、竹内氏の最期にさまざまな形でかかわり、連絡をとりあっていた数名の人たちが、ご遺族のご諒解をいただいて進めてきたものです。出版をお許しいただいた奥様の竹内睦子様をはじめ竹内真人様・竹内明日人様・寺田三和子様に対し、心より御礼申し上げます。

『月刊 江戸楽』の掲載原稿を快くご提供くださった堀内貴栄氏をはじめとするエー・アール・ティ株式会社の皆様、および各誌に掲載された原稿の転載を許可していただいた公益財団法人都市緑化機構、株式会社味の手帖、一般財団法人交詢社、毎日新聞出版株式会社の方々に、深く感謝申し上げます。

国文学研究資料館准教授　太田　尚宏

江戸東京博物館で講演する竹内誠氏（リニューアルオープン記念式典、2015年3月28日）

はじめに——忘れ得ぬ本との出合い

BEST 1
歴史学を志すきっかけとなった本
『田沼時代』
辻 善之助／岩波文庫

目から鱗が落ちた『田沼時代』

ナンバー1は、辻善之助《つじぜんのすけ》の『田沼時代』です。

私は上野高校を卒業後、浪人中にこの本に出合いました。忘れもしません、国立国会図書館上野図書館（二〇〇〇年に国際こども図書館へと改装・開館）で勉強をしていたときのことです。当時、図書館には多くの学生が受験勉強のために詰めかけ、図書館の机を占領していました。それで一般利用者から不満の声が出たため、「本を借りないと図書館に入れません」というルールになった。しようがないから私もなにか本を借りようと思って（笑）、たまたま手にしたのが『田沼時代』だったんです。そのころは歴史学を学ぼうなんて考えていなくて、漠然と「法学部にでも進もうかなあ」と思っていたのですが、この本との出合いが歴史学を志すきっかけになりました。

初版の発行は大正時代です。この本のおもしろさは、田沼時代の評価が斬新であった点。今でこそ、だいぶ評価の見直しが進んでいますが、私が学生だった昭和二〇年代当時は、田沼意次《たぬまおきつぐ》といえば悪徳政治家であり、この時代は暗黒であったという認識が一般的でした。実際、私も学校でそう教わってきました。

でも、辻は本書前半ではたしかに田沼の負の側面を書いているのですが、後半は「しかるに……」とはじまるのです。つまり、悪いことはしたけれど、彼が行った政治にはひと筋の光明が見えると。ここでいう「光明」とは、近代への兆しのことを指します。田沼時代はただ暗黒であったのではない、という評価に、私は目から鱗《うろこ》が落ちる思いでした。

では、どのような点が「光明」だったのか。辻は三つの点を挙げています。一つは伝統主義を破壊したこと。従来の国家財政は年貢米による納税に支えられていましたが、田沼は商人からも運上金（商工業者に課す税金）・冥加金《みようがきん》（事業を独占的に許可することなどへの謝礼金）を徴収して歳入としました。このことによって癒着《ゆちやく》や賄賂《わいろ》が発生したのも事実ですが、手法そのものは重農主義から重商主義へと転換を図る近代的なものだったのです。また、御用医師に町医者を登用するなど、従来の権威に寄らない斬新な人事を行いました。

二つ目は、この時代、民衆のパワーが発露したことです。百姓一揆《いっき》が頻発したということは、幕府・権力側にとっては忌々《いまいま》しい事態ですが、裏を返せば民衆の意識が高まったといえます。辻はこれを「民意の伸長」と呼びました。本書の発行は大正デモクラシーが盛り上がった時期でもあり、辻の歴史観も少なからずその影響を受けていたのかもしれません。

最後に、芸術・文化・学問が花開いたことが挙げられます。本居宣長《もとおりのりなが》の国学、杉田玄白らの蘭学《らんがく》をはじめ、小説、川柳、多色刷りの浮世絵……。市川團十郎の歌舞伎十八番が確立したのもこのころです。

私はこの本が、発想の転換を大胆に行っている点に惹《ひ》きつけられました。そして、権力側の視点ではなく、民衆の側から歴史をみることのおもしろさにも気づかされました。私はその後、田沼時代のあとの「寛政の改革」を研究して博士課程まで進みます。卒業後は政治史をテーマとする一方で、江戸の庶民文化の研究もはじめるのですが、これは田沼時代の江戸文化の華やかさに興味をもちつづけていたためです。その研究はのちに、江戸東京博物館の運営にも大いに役立つことになりました。

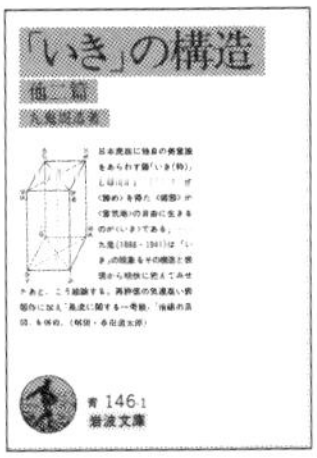

BEST2
「いき」とはなにか？の答えがここに
『「いき」の構造 他二篇』
九鬼周三／岩波文庫

日本文化の根本を理解するための名著

ナンバー2は、九鬼周三《くきしゅうぞう》『「いき」の構造』。

それまで「いき」という言葉がもつイメージは百人百様でしたが、この本では哲学者らしい明晰《めいせき》かつ美しい文章で、「いき」とはなにかが解き明かされました。出合ったのは大学三年のころ。恩師で江戸学の創始者でもある西山松之助先生は当時、茶道や華道の家元《いえもと》制度について研究していて、名だたる家元たちを訪ね歩いていました。私はそのカバン持ちとして同行させてもらっていて、芸術文化を理解するためには、『「いき」の構造』は必読書であると思ったのです。

九鬼曰《いわ》く、「いき」とは「垢抜《あかぬけ》して（諦）、張《はり》のある（意気地）、色っぽさ（媚態）」と定義しています。さっぱりとして、強きを挫《くじ》き弱きを扶《たす》ける意気があり、男女問わず色っぽさがあることですね。正面よりは斜めを良しとし、目は流し目、髪はちょっとほつれて、手の指はちょっと反《そ》らせる。着物の模様は、大きな円は野暮《やぼ》。縞《しま》がいい。縞は縞でも、横よりも縦縞のほうが「いき」である、と。色は赤や白よりも、青や藍がよい……など、具体的にイメージさせてくれるんです。縞模様と同じく、男と女も平行線がいいとも言っています。どこかで交わるのではないかという期待がありつつも、交わってしまったらあとは「空虚」が残るのみ。交わりそうで交わらない、その緊張感がいいんですね（笑）。

BEST3
定年を前に出合った一冊
『三屋清左衛門残日録』
藤沢周平／文春文庫

いつまでも社会に対して〃現役〃であるということ

『「いき」の構造』では男女の関係について論じています。しかしこれは男女関係にとどまらず、結局は思いやりのある人が「いき」な人なのではないでしょうか。他者に不快な思いをさせぬよう心遣いをする人こそが、「いき」な生き方をしていることになると思います。

そこで、「どう生きるか」を考えるときに、心に残った本が藤沢周平の小説『三屋《みつや》清左《せいざ》衛《え》門残日録《もんざんじつろく》』です。

ＮＨＫでドラマ化された際、私は時代考証を頼まれ、原作を読むことになりました。藩の重職を辞して楽隠居した武士の生き方が描かれているのですが、隠居といっても山里に隠棲《いんせい》するのではなく、つねに社会と関わりつづけ、部下たちに慕われ相談ごとをもちかけられ、さまざまな事件を解決する話です。私は当時五五歳くらい。大学の定年退職もそう遠くない年齢でしたが、定年後もずっと社会と関わりつづけていこうと思いました。六四歳で江戸東京博物館の館長を引き受けたのも、そんな思いが根底にあったからでしょうね。

以上三冊は歴史の本ですが、いずれも「これからどう生きるか」を私に示してくれました。「温故知新」という言葉は「古きをたずねて新しきを知る」という意味ですが、この「知新」の部分が大切ですね。古いことを学ぶのは、古いことを守るためではなく、新しいことを生み出すために必要なのだと思います。

（『月刊 江戸楽』No.１３５）

本所深川の上空から隅田川以西の江戸中心部を俯瞰して描いた絵図。手前に流れる隅田川越しに、家屋が密集する下町と緑あふれる山の手を対比的に描き、遠景に富士の高嶺を配するその構図は、江戸の特徴を的確に描き出す。水と緑の都市＝江戸の特質をみごとに描いた空想の江戸図でもある。鍬形蕙斎画『江戸一目図屛風』津山郷土博物館蔵

序章◈「緑の都市」江戸の原点

『江戸一目図屏風』とスカイツリー

江戸全体の景観を描いた屏風絵《びょうぶえ》の代表作に、『江戸一目図屏風《えどひとめずびょうぶ》』（六曲一隻、津山郷土博物館蔵）があります。文化六年（一八〇九）に鍬形蕙斎《くわがたけいさい》（一七六四〜一八二四）が描いた傑作です。

画面の中央に江戸城を置き、左に江戸湾、下方に隅田川を配するなど、隅田川東岸の上空からの俯瞰図《ふかんず》として写生風に描かれています。

蕙斎が、あたかも鳥になったつもりで江戸を一望したものです。そのなかには浅草寺《せんそうじ》や向島《むこうじま》、それに遊郭の吉原、さらには日本橋など、江戸の名所の数々が、しっかりと描き込まれています。そして、この絵から誰もが感じることは、江戸は水と緑に包まれた、まことに美しい都市だということではないでしょうか。

先年、この隅田川東岸の地に東京の新名所として東京スカイツリー（墨田区押上）が建てられました。全高は六三四メートル（武蔵国《むさしのくに》にちなむ）ですが、「天望デッキ」は地上三五〇メートルのところにあります。

奇《く》しくも、かの鍬形蕙斎が描いた『江戸一目図屛風』の上空から江戸を一望した視点と、この「天望デッキ」はほぼ同じ位置にあるのです。そこで、同展望台には粋な展示品が置かれています。蕙斎の『江戸一目図屛風』のレプリカです。

「現代の東京の風景と二〇〇年前のこの江戸の風景とを比較してください」という趣旨でしょう。その差の大きさに驚かされるとともに、文明の発達とはなにかを、あらためて思考せざるを得ません。

水と緑の豊かな江戸

江戸の地形は、西北の山の手台地と、東南の下町低地とから成り立っていました。大まかにいえば、山の手には武家が、下町には町人が集住していましたが、もちろん下町にも武家屋敷はありますし、山の手にも町屋はありました。

山の手から下町への接点には坂道があり、谷間があり、丘があります。山の手台地の突端《とったん》に立てば、緑豊かな下町低地が一望でき、その先に白帆《しらほ》が浮かぶ美しい江戸湾が望めます。

幕末の万延元年（一八六〇）に来日したイギリスの園芸学者ロバート・フォーチュンは、城に近い丘から展望した風景は、ヨーロッパや諸外国のどの都市と比較しても、優《まさ》るとも決して劣りはしないだろう。それらの谷間や樹木の茂る丘、亭々《ていてい》とした木々で縁取られた静かな道や常緑樹の生垣《いけがき》などの美しさは、世界のどこの都市も及ばないであろう。

（『幕末日本探訪記』）

と絶賛しています。別の日にフォーチュンは、芝の愛宕《あたご》山《やま》に登って江戸を展望していますが、「大パノラマのように、眼下に果てしなく広がる、美しい町に見惚《みほ》れ」たと述べています。

芝の愛宕山は、江戸の街を見下ろす景勝の地で、江戸見物にやってきた日本人にも人気のスポットでした。あえていえば、江戸の東京タワー（港区芝公園）です。標高二六メートルという「山」と呼ぶのが憚《はばか》られるかもしれませんが、東京二三区内ではもっとも高いので、高層ビルなどなかった江戸時代には、山頂から江戸市中の三分の一、さらに房総半島まで見渡すことができたのです。ＮＨＫの前身である東京放送局は、ラジオ放送発信の地を愛宕山と定め、大正一四年（一九二五）三月にここで放送を開始しています。

この愛宕山からの美しい光景に魅せられた外国人は、フォーチュンだけではありません。幕末に来日したイギリス人の写真家フェリックス・ベアトが、慶応元年（一八六五）ごろに「愛宕山から見た江戸のパノラマ写真」を撮影しています。北は江戸城西の丸、日比谷あたりから西本願寺の大屋根、正面の浜御殿（現、浜離宮）の森を経て、南の芝増上寺付近までを一望したみごとなパノラマ写真で、大名屋敷の甍《いらか》が並ぶさまは圧巻です。現代と違って高層ビルがない。二階中心の低層の家並み風景はなんと美しいことでしょう。

江戸の土地利用は、七〇パーセントが江戸城や大名屋敷を含めた武家地、一五パーセントが寛永寺・増上寺・護国寺・浅草寺・湯島天神・神田明神・芝神明などの寺社地、残りの一五パーセントが町人地でした。

江戸は中期以降、武家五〇万人、町人五〇万人の、合わせて一〇〇万都市と称されました。武家地は悠々と活用され、邸内には林や池の庭園が造成されました。一方、全人口の半数を占める町人たちは、わずか一五パーセントの狭い土地に集住させられたので、当然のごとく長屋が発達しました。

フォーチュンは、「江戸は東洋における大都市で、城は深い堀、緑の堤防、諸侯の邸宅、広い街路などに囲まれている」と述べ、まず江戸城の外観と大名屋敷に注目しています。

江戸城を取り巻く堀、そして緑の芝の土手とそこに群生する松、いわゆる鉢巻き土手に彼は感心しています。水と緑の豊かな都市としての印象です。城の近くには有力な大名の広大な屋敷が整然と並んでいました。

参勤交代のために江戸に設けられた大名屋敷は、一つの藩でも上《かみ》屋敷・中《なか》屋敷・下《しも》屋敷などがあり、旗本でも五〇〇〇石以上の大身旗本ともなれば広大な屋敷に住んでいました。江戸全体の七〇パーセントを占める武家地と、一五パーセントの寺社地は、まさに緑の都市江戸の骨格をなしていたのです。

しかし武家地は江戸庶民への公開施設ではなく、寺社地も大寺の寛永寺や増上寺は将軍家の墓所でしたので非公開地でした。したがって、庶民が緑に親しもうとしても、おのずと限定されたものになっていたのです。そこに着目したのが八代将軍吉宗でした。

将軍吉宗の植樹・公園政策

近年、享保の改革を断行した八代将軍徳川吉宗の株が急上昇しています。太田尚宏氏の「飛鳥《あすか》山《やま》への植樹と石碑の建立」(『北区史』通史編近世所収)という論考がその先鞭《せんべん》をつけました。すなわち、将軍吉宗の植樹による公園政策です。江戸市民のための行楽地として、花の名所の公園を創設したのです。それも一か所だけではありません。飛鳥山・隅田堤・品川御殿山《ごてんやま》・中野というように、江戸市街と郊外との、ちょうど接点にあたる江戸周縁部に、計画的にこれが設けられたのです。

将軍吉宗の事績を記した『有徳院殿御実紀附録《うとくいんでんごじつきふろく》』には、飛鳥山を花見の名所にした動機が、要約すれば次のように記されています。すなわち、享保の初めごろまで、毎年桜の季節になると、桜の名所として名高い上野に人びとはくり出して酒食や遊興にふけって騒がしかったが、これでは将軍家の廟所《びょうしょ》（寛永寺）に対し不敬な行動をする者が出る心配がある。これは上野以外に、江戸市中に「有楽の地」（レクリエーションの場）が乏しいからだと吉宗は考え、新たに飛鳥山を桜の名所に仕立てたというのです。

将軍吉宗は小納戸役《こなんどやく》の松下当恒《まつしたまさつね》に対し、江戸城の吹上《ふきあげ》御庭にて、桜や楓《かえで》の苗木を育てるように命じました。松下は怠りなく施肥《せひ》・注水を行ったので、まもなく苗木は一メートル八〇センチほどに成長、これを飛鳥山へ享保五年（一七二〇）から六年にかけて移植し、全部で桜一二七〇本、楓一〇〇本、松一〇〇本を植えました。とくに桜は年を追って枝葉が茂り、花の季節にはみごとに開花し、美しい風景をなしました。飛鳥山からの眺めもすばらしく、東に筑波山《つくばさん》、西に富士山を望むことができました。

先述したように、将軍吉宗の植樹政策の対象は飛鳥山にかぎらず、隅田堤や品川御殿山や中野にも及んでいました。飛鳥山と隅田堤と品川御殿山は、桜の名所として有名になりましたが、中野は桃園として江戸庶民に親しまれます。

中野村への桃の植樹は、元文元年（一七三六）にまず緋桃《ひもも》五〇本、ついで白桃五〇本を緋桃のそばに一本ずつ植え足して、紅白の色どりを工夫しています。さらに元文三年には桃七五〇本を植樹して、桃園公園を誕生させました。なお吉宗は、大岡越前守《おおおかえちぜんのかみ》に命じて、江戸からやや離れますが小金井のあたりの玉川上水堤に桜を植えさせたので、後年、ここも桜の名所として江戸からの花見客でにぎわいました。

行楽地の創出と地域おこし

将軍吉宗のこうした植樹・公園政策は、江戸市民に行楽の場を多く提供し、大いに気晴らしをしてもらいたいという意図に発するものでしたが、それだけではありませんでした。

もう一つの意図は、訪れた行楽客が飲み食いをしたり土産物《みやげ》を買ったりするなどして、その土地で大いにお金を使ってもらいたいということにありました。そのため飛鳥山では毎年二月から六月にかけ、水茶屋五四か所、楊弓場《ようきゅうじょう》三か所の営業が許可され、中野の桃園でも一一か所の水茶屋営業が許されました。要するに花より団子で、その土地の経済的繁栄もめざしており、市中周辺の活性化・地域おこし政策でもあったのです。

このように将軍吉宗が、江戸市街の周縁部に市民のレクリエーションの場として公園を設置・装備したことは、今日の都市設計を考えるうえで、十分注目に値しましょう。目的はまったく異なりますが、東京の周縁にグリーンベルト地帯を構想した昭和一四年（一九三九）の東京緑地計画などは、その先駆をこの吉宗の公園政策に求めることができるでしょう。

なお、飛鳥山では、山から眼下の田園に向かって投げる土器《かわらけ》（土製の小皿）投げが、遊楽客の人気を集めていました。花の季節はとくに盛んに行われたので、この土器売りは大いに収入を得ました。当初は田畑に落ちて土に溶けず、耕作に支障をきたしたため、付近の農民から苦情が出ました。

　そこで工夫を凝らし、水にすぐ溶ける土器をつくって売るようにしたのです。これらは田畑に落ちても、「水気をうくれば、元の土となる故、煩《わずらい》にならず」ということで、飛鳥山の土器投げは今でも盛んに行われていると、江戸後期の随筆『寝《ね》ぬ夜《よ》のすさび』は記しています。

土器投げは、素焼きの土器を高台から投げて願いごとの成就を祈願する遊戯。飛鳥山では、田畑に落ちることに配慮して、土をこねただけの土器が使われた。歌川広重・豊国画『江戸自慢三十六興　飛鳥山　投土器』国立国会図書館蔵

　遊びのなかでも環境を壊さない江戸人の知恵と優しさをかいま見る話ではありませんか。今日、現代人が日常使っている品々で土に返らぬものがいかに多いことか。江戸に学ぶべきことは山ほどあるのです。

植木屋の村

将軍吉宗の植樹政策に協力した植木屋がいました。染井村の伊兵衛（伊藤氏）です。江戸の北郊の駒込、染井、巣鴨付近は、はやくから植木の産地として有名で、植木屋がたくさんいました。江戸の市民たちは、しばしばハイキングがてらこの植木屋村にやってきて、植木・草花の露地ものや鉢ものを買い求めて帰っていったことでしょう。大名や旗本たちも、自邸の庭づくりなどのために、わざわざ植木を大量に買いにやってきました。

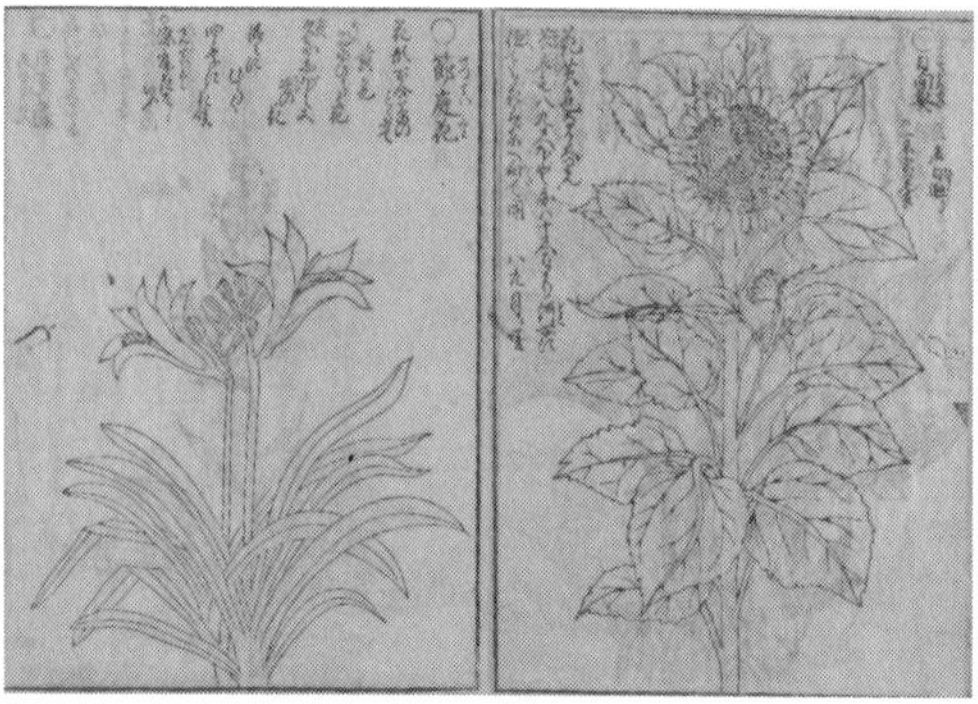

染井村の植木屋伊藤伊兵衛が「絵を習ふ便として」出版した園芸書。スケッチが草花の特質を理解するうえで有益であることをよく知っていた伊兵衛ならではの作品。伊藤伊兵衛作画『草花絵前集』元禄 12 年（1699）須原屋茂兵衛刊、国立国会図書館蔵

また、将軍吉宗も遊覧の際、ここに立ち寄って観賞することがたびたびありました。享保一二年（一七二七）三月一二日には、将軍吉宗が伊兵衛の花壇・植木溜《だまり》に立ち寄って花木を楽しんでいます。このとき、将軍吉宗は御用木二九種を命じ、伊兵衛も三種の献上木をしました。当時の品種がわかるので、『新編武蔵風土記稿』により、おもなものを列記してみましょう。

霧島、阿蘭陀躑躅《おらんだつつじ》、接分楓《つぎわけ》、野田藤、白山吹、山杏、桜川躑躅、星岩蘭《ほしいわらん》、唐橘《からたちばな》

その後も、歴代将軍はこのあたりのいろいろな植木屋に立ち寄っており、将軍の遊覧コースのひとつになっていたようです。

自然との共生、人との共生

江戸には植木屋の村だけでなく、民間人による植物園がところどころにありました。フォーチュンは墨田川東岸の向島を訪れた際の感想を、次のように述べています。

その場所全体がまるで一大庭園であった。（中略）われわれは何軒も茶屋や花樹園を訪ねた。そしてそこの設備や企画から考えて、春や夏のシーズン中、遊楽や保養を楽しみにやって来る、無数の江戸人に愛顧されているに違いない。われわれは到《いた》る所で、丁重《ていちょう》に迎えられ、園主からお茶をもてなされた。（『幕末日本探訪記』）

江戸の町の佐原鞠塢《さはらきくう》（一七六二～一八三一）は、文化二年（一八〇五）に向島に梅屋敷を開園しました。鞠塢は諸大名や文人と交流をもつ風流人で、隠居後に三〇〇〇坪（約一ヘクタール）

の土地を向島に買って、三〇〇株の梅を植えました。亀戸《かめいど》の梅屋敷（清香庵）に対し、新梅屋敷と呼ばれましたが、しだいに四季のさまざまな花が植えられ、「向島の花屋敷」とか「百花園《ひゃっかえん》」と称され、行楽客でたいへんにぎわいました。フォーチュン一行もここを訪れ、園主のもてなしを受けたことでしょう。自然との共生、人との共生です。

フォーチュンによれば、

日本人の国民性のいちじるしい特色は、下層階級でもみな生来の花好きであるということだ。気晴らしにしじゅう好きな植物を少し育てて、無上の楽しみにしている。（同右）

と指摘しています。

人びとが密集している町人地であっても、ちょっとした裏庭や坪庭に草花を植え、四季の移ろいとともに暮らしています。植木鉢や盆栽もあります。まさに世界有数の園芸愛好家といってよいでしょう。

武家屋敷とか公園だけでなく、町人地における庶民の個々の住まいにも草花が植えられ、しかも家の中の花入れに切り花が活けられていました。

日本橋川の河岸《かし》のひとつに、花河岸という優雅な名前の河岸がありました。『狂歌江戸名所図《ず》

新梅屋敷とも呼ばれた百花園は、ここに集った酒井抱一ら文化人たちが詠んだ詩にちなむ植物を植え、やがて四季折々の草花が楽しめる庭園として人気を高めた。歌川広重・歌川豊国画『東都三十六景　向しま花やしき』国立国会図書館蔵

会《え》』に、

花河岸とて近在川付《かわつき》の在所より種々《くさぐさ》の花を積来《つみきた》り揚《あぐ》る也《なり》

とあります。葛西《かさい》あたりの村々で生産された花々が舟運《しゅううん》で日本橋の花河岸に運ばれ、陸揚げされて江戸市中へと売られていきました。江戸庶民は切り花を家の中で楽しんでいたのです。緑の街、江戸全体の原点が、個々の江戸住民の暮らしと心性にありました。

明治初期に来日し、大森貝塚を発見したエドワード・モースは、日本人の特質として、

すべての自然物に対する愛、あっさりして魅力に富む芸術、挙動の礼儀正しさ、他人の感情に就《つ》いての思いやり

（『日本その日その日』）

を挙げています。そこには自然との共生だけではなく、人との共生が指摘されていたのです。

（『都市緑化技術』No.102をもとに「です・ます」調に編集）

第一章◆江戸という都市

江戸から見た富士山

富士山が世界文化遺産に登録されました。霊峰《れいほう》富士は日本の誇り、うれしいニュースです。その富士山は江戸の町の諸所から遠望できました。その姿は絵にたくさん描かれています。でも江戸の人はふだんからその風景を見慣れていたせいか、文字記録にはあまり残していません。

一方、地方から江戸に出てきた人は、大都会からの富士の遠望を感動をもって記録してくれています。

幕末の元治二（慶応元）年（一八六五）三月から五月まで江州堅田《ごうしゅうかただ》（現、滋賀県大津市）から訴訟のため、中山道を経て出府した農民五兵衛の江戸滞在日記（『東武日記』）には、富士山の記事がわずか二か月のあいだに六回も登場してきます。

最初は江戸に到着した三月一七日、富士見の名所と聞き及んでいた九段坂《くだんざか》で富士山を見ることができず、「九段坂にて富士山真図を写せず、残念なり」（以下、原文は読みやすいように書き改めた）と、絵心のあった五兵衛がスケッチできなかったことを悔しがっています。

地価が高い江戸の中心部において、通りを挟んだ両側に広がる巨大な店舗を構えた三井越後屋の両側店と、そのあいだから見える繁栄の象徴としての富士山を描く。歌川広重画『東都名所　駿河町之図』国立国会図書館蔵

当時、江戸には富士見坂と称する坂がたくさんありました。『角川日本地名大辞典』によれば、「九段坂の北側の台地は富士山の眺めがよいので富士見町の町名が起こり、この坂も富士見坂と呼ばれた」とあります。

二回目は三月二六日の「上天気」の朝、平《ひら》河町《かわちょう》の旅宿の「物見より初めて富士峰を見る」とあり、初めて見た「惣体皆雪」の富士山をスケッチしています。

三回目は翌二七日で、同じく旅宿の物見より富士峰を見て、「雲の上は雪の降るべきよしもなし　神代《かみよ》ながらの峰の白妙《しろたえ》」と和歌を詠じています。彼は白雪いただく霊峰富士の神々《こうごう》しさをしみじみと感じたようです。

四回目は四月一一日で、「気分悪《あ》しき時は富士峰を（旅宿の二階より）遠望す、妙々な

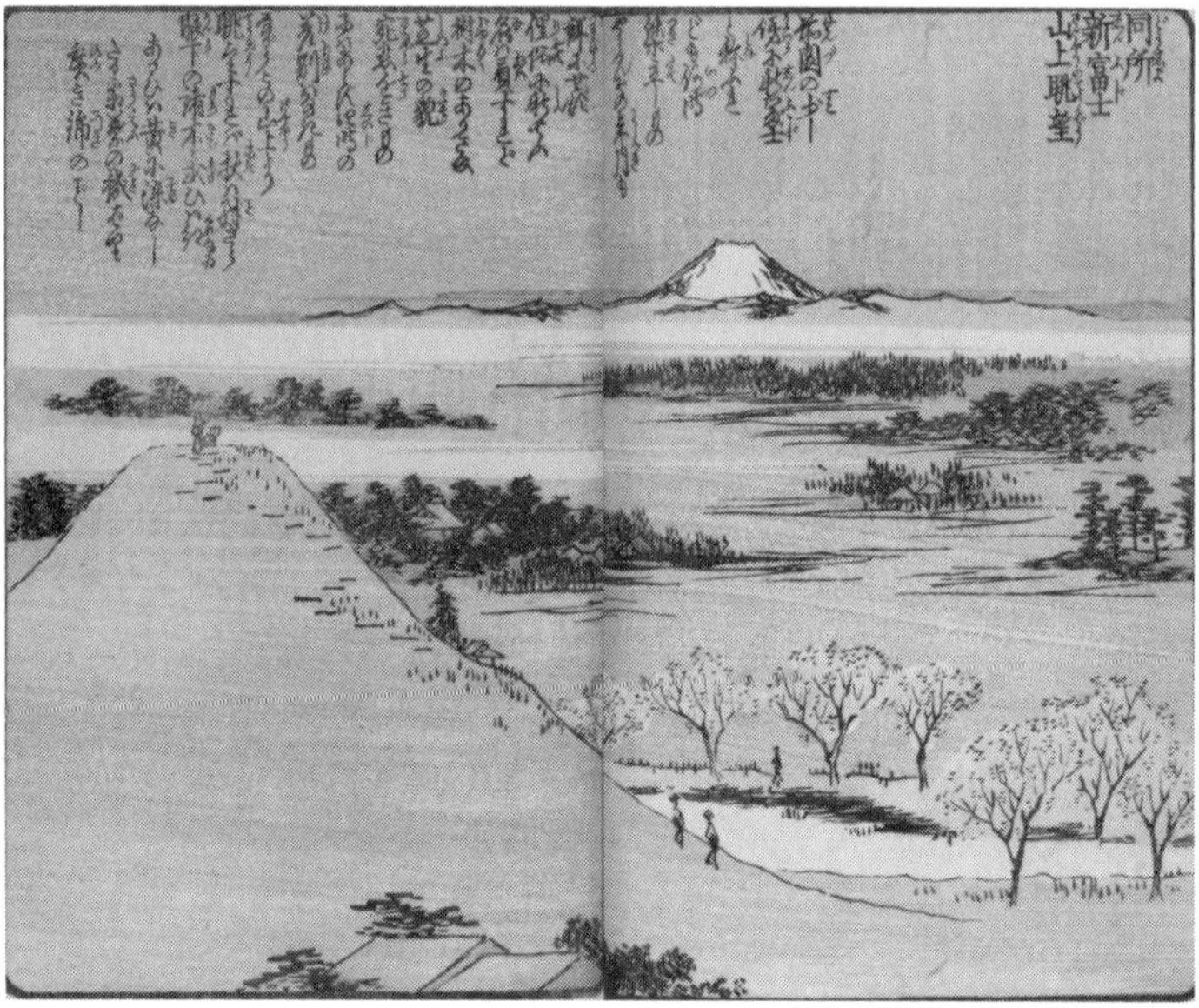

富士山への信仰熱が、参詣の疑似体験を可能とする富士塚を江戸の各地に出現させた。なかでも目黒の富士塚は有名。松亭金水作・歌川広重画『絵本江戸土産』第七編、国立国会図書館蔵

り」とあり、富士山のすばらしい風景に旅の疲れも癒《い》やされ、元気を回復していました。

五回目は四月一三日、日本橋に見物に行き、「駿河町《するがちょう》三井出店多し。富士山遠望す、図かくの如し」とあり、駿河町を通しての富士山をスケッチしています。駿河町という町名は、富士山の眺望のきく景勝の地であることにちなむ、といわれています。

その景色は歌川広重の作品をはじめ、多くの錦絵に描かれています。五兵衛はおそらく江戸土産《みやげ》などでこうした作品を知っていて、あえてこの場所から富士山の遠望をスケッチ

したと考えられます。

六回目は五月一三日で、「夕方西の方、富士山遠望す、妙々風景なり」とあり、この日は朝の富士山ではなく、夕景の富士のすばらしさに魅せられています。

なお、五兵衛は江戸からの富士の遠望に感動しただけでなく、江戸の各所にあった富士塚にも興味を覚えています。四月二七日の記事には平河天神の社内にあった富士塚を見て、

富士山をかた取りたるに、わずかの面地に一合目より九合目迄《まで》の標石を立て、廻《めぐ》り廻りして浅間の社に至ること面白し

と江戸人の富士信仰に感じ入っています。

この農民の日記を通して、富士山が大都市江戸と密接に結びつき、いかに人びとの心の支えになっていたかを知ることができるでしょう。


（「粋に楽しく 江戸ケーション」第五三回）

富士山噴火の誤情報

西に富士、東に筑波《つくば》の遠望は、大都市江戸の景観を豊かにしていました。とくに富士山の優美な気高さは、江戸の人びとの心にすがすがしさをもたらしてくれました。

地方から江戸に来た旅人とて同じ気持ちだったことでしょう。馴《な》れぬ大都会の喧騒《けんそう》に疲れたとき、ふと富士山が見えた瞬間の感動は、あるいは江戸の住民より旅人のほうが強烈だったかもしれません。

尾張藩の儒者中村習斎《なかむらしゅうさい》（一七一九〜九九）の江戸詰日記『東武官邸記』にも、富士山を見た記事が頻繁に登場します。江戸に出て二か月と一〇日ほどたった安永七年（一七七八）九月六日に、

水道橋の東、始めて富士を見る

とあります。次いで九月一四日は九段坂上、一〇月八日は高田馬場、同一〇日と一二日は市谷富士見坂、同一九日はふたたび高田馬場で、富士山を遠望しています。

しかし翌安永八年一〇月朔日《ついたち》のことです。中村習斎は、たった一行ですが、富士山についてきわめてショッキングな記事を書いています。すなわち、

灰降る、時に富士山が焼くる、安永山ができると風説す

と。そして翌二日も、

昨日のごとく灰降る、戸山新道の辺は霜の上を通りたるごとく、通行の足跡見ゆ

とあります。この二日間で江戸市中に、かなりの火山灰が積もりました。

これは大事件です。七〇年ほど前の宝永四年（一七〇七）に噴火して以来の富士山大噴火です。前回噴火の際は宝永山という小さな山が、富士山の中腹にできました。今回の噴火により二つ目の小山、安永山ができるとの風説が飛び交いました。

しかし実際には、富士山は噴火していませんでした。安永山ができるなどという噂《うわさ》まで出ましたが、これは大きな誤報でした。

この誤情報が訂正されたのは、その一か月半後の一一月の一六日。ずいぶんのんびりした話です。習斎はその翌日、

去月朔日・二日に降りし灰は桜島にて、（中略）住居の人民、あるいは焼死、または水死し、

島に追々かけ込み海になる由、薩摩守殿《さつまのかみどの》（島津重豪《しまづしげひで》）より申達《もうしたつし》、昨十六日御城書《おしろがき》に出《い》で候由

と記しています。

江戸に降った灰は富士山噴火ではなく、桜島の噴火灰だったというのです。そしてその惨状が薩摩藩から伝えられ、昨一六日に江戸城で告知されたというのです。でも九州の噴火灰が、遠く離れた江戸にピンポイントで降るとはとうてい考えられません。たまたま江戸の降灰と桜島の噴火の時期とが合致したことによる、これまた誤報だったといえましょう。

幕府の正史『徳川実紀』によれば、安永八年一〇月の条《くだり》に、

この月、薩摩国桜島、火おこりて砂礫《されき》を飛ばし、近き国々に及べりという。また伊豆国の大島焼けて府内（江戸）まで響き聞こえ、灰降る

とあり、じつはこのときの江戸降灰は伊豆大島の噴火灰だったようです。

災害が同時多発すると、政府でさえ真相がつかめず、誤った情報を発するリスクは、昔も今も変わりがありません。

（「粋に楽しく 江戸ケーション」第九八回）

京都へのあこがれ

享保期（一七一六〜三六）に活躍した上方《かみがた》の役者姉川新四郎《あねがわしんしろう》の芸談（『歌舞伎事始』所収）によれば、芝居を演じる際、江戸では血気盛んな二〇歳ごろの青年の心で演じ、大坂では三〇歳ほどの分別のある気持ちで演じ、京都では四〇歳を超えた経験豊かな円熟の年配の気持ちで演じるとよい、と語っています。

この芸談の年齢の比喩は、はからずも三つの都市の成熟度を示しており、江戸は近世の新興都市、大坂は中世以来の成人都市、京都は古代以来の円熟都市であることを示しています。

京都は、平安時代以来の伝統と高度な生産技術を保持した都市として、江戸とは大いに趣を異にする都市でした。

すなわち京都は、西陣機業《にしじんきぎょう》を中心とした高級織物技術と、優れた染色技術を独占した都市であり、さらには王朝時代以来の、長い文化的伝統に支えられた武具や蒔絵《まきえ》・陶磁器・漆器・仏具・人形などの高級美術工芸品の生産都市でした。

また、菓子なども京菓子はおいしく、江戸で「京菓子」という暖簾《のれん》のある菓子屋は、高級菓子屋というイメージが定着していました。このように、京都の製品はブランド品として江戸の人びとのあこがれの的《まと》でした。

大田南畝《おおたなんぽ》の『一話一言《いちわいちげん》』には京都の名物として、「水・水菜、女・染め物・みすや針、御寺・

豆腐に、鰻鱧《うなぎはも》・松茸《まつたけ》」とあり、京都は水がきれいで女性が美しく、由緒ある寺が多いと述べています。

江戸っ子がいくら気張ってみても、心のどこかで、千年王城の地京都に育まれたものへのあこがれを否定することはできませんでした。

そういえば、そもそも江戸の都市形成に京都は大きな影響を与えています。都市江戸は、京都の都市設計に学んでいることが多いのです。たとえば京都の近くには比叡山《ひえいざん》延暦寺《えんりやくじ》がありますが、江戸はそれをまねて東叡山《とうえいざん》寛永寺を建立しました。

東叡山はいうまでもなく、東の比叡山の意味です。また、延暦寺は桓武《かんむ》天皇の創建時の年号をつけていますが、寛永寺も創建時の「寛永」という年号をつけています。

京都の東には琵琶湖《びわこ》がありますが、江戸ではそれに比定する不忍池《しのばずのいけ》があり、琵琶湖にある竹生《ちくぶ》島《しま》の弁天を不忍池の中之島（弁天島）に勧請《かんじょう》しています。また、京都の愛宕《あたご》権現《ごんげん》を江戸に勧請しました。芝の愛宕山がそれです。

京都の町割りと江戸の町割りは一見関係がないようにみえますが、じつは京都の碁盤の目のような町割りを、江戸の下町に導入しています。日本橋界隈《かいわい》は、六〇間《けん》四方の町割りになっており、一間の長さも京間《きょうま》（一間＝六尺五寸＝一メートル九六センチ）が原則でした。

京へのあこがれは江戸城大奥にも及んでいます。将軍の正室は三代将軍家光以降は、代々京都の宮家から迎え、侍女として大勢の京の女性が江戸城大奥に移り住んでいました。したがって大奥は京風であり、襖絵《ふすまえ》なども雅《みやび》な絵画で彩られていました。

京都の人の自慢はなんといっても「都《みやこ》」意識でした。しかし、江戸後期になると、江戸のことを「江都《えど》」と記した都意識が江戸にも生まれました。ほぼ同じころ、「東都」と書いて「えど」と読ませるようになりました。京都は西の都、江戸は東の都というのです。そこには京都へのあこがれをもちつつも、それに負けまいとする対抗意識がうかがえます。

（「粋に楽しく 江戸ケーション」第五八回）

不忍池ものがたり

江戸の町づくりには、京都を模したものが多くあります。その一つが、三代将軍家光の寛永二年（一六二五）に創建された東叡山《とうえいざん》寛永寺です。

京都には比叡山延暦寺《ひえいざんえんりやくじ》があります。寛永寺は、東の比叡山の意味で東叡山と号したのをはじめ、創建時の年号の延暦寺になぞらえて寛永寺とし、伽藍《がらん》の多くも比叡山にならって造営されました。

所在地も比叡山が京都御所の東北（鬼門）の地にあるので、東叡山もそれになぞらえて江戸城の東北の地に位置しています。

しかも東叡山の麓《ふもと》の不忍池《しのばずのいけ》を、比叡山の麓にある琵琶湖《びわこ》に見立て、不忍池に小さな島（弁天島）を築いて、琵琶湖の竹生島《ちくぶしま》の弁財天をここに勧請《かんじょう》しました。不忍池の名称の由来はさだかではありませんが、上野の山を「忍《しのぶ》の岡」と称していたことに対する呼称とする説が有力です。

琵琶湖には蓮《はす》の繁茂するところがあったようです。さっそく不忍池にも蓮が植えられました。その結果、江戸前期に早くも不忍池は、弁天さまへのお詣《まい》り客と蓮見の風流客とでにぎわう名所になりました。江戸中期以降は訪れる大勢のお客を相手とする料理茶屋が、弁天島の周囲やその近くの池之端《いけのはた》に立ち並びました。

江戸市民は、夏になると涼を求めて蓮の花の見物に出かけました。蓮の花見の名所は不忍池や、赤坂溜池《あかさかためいけ》や、赤坂御門外・市谷御門外・牛込御門外のお堀や、木母寺《もくぼじ》などが有名ですが、とりわけ不忍池は、江戸随一の蓮見の名所でした。

『江戸名所花暦』（文政一〇年〈一八二七〉）に、

花盛りのころは、朝まだきより遊客、開花を見んとて賑《にぎわ》う。実に東雲《しののめ》の頃は、匂い殊にかんばしく、又紅白の蓮花《れんげ》、朝日に映ずる光景《ありさま》、たとえんに物なし

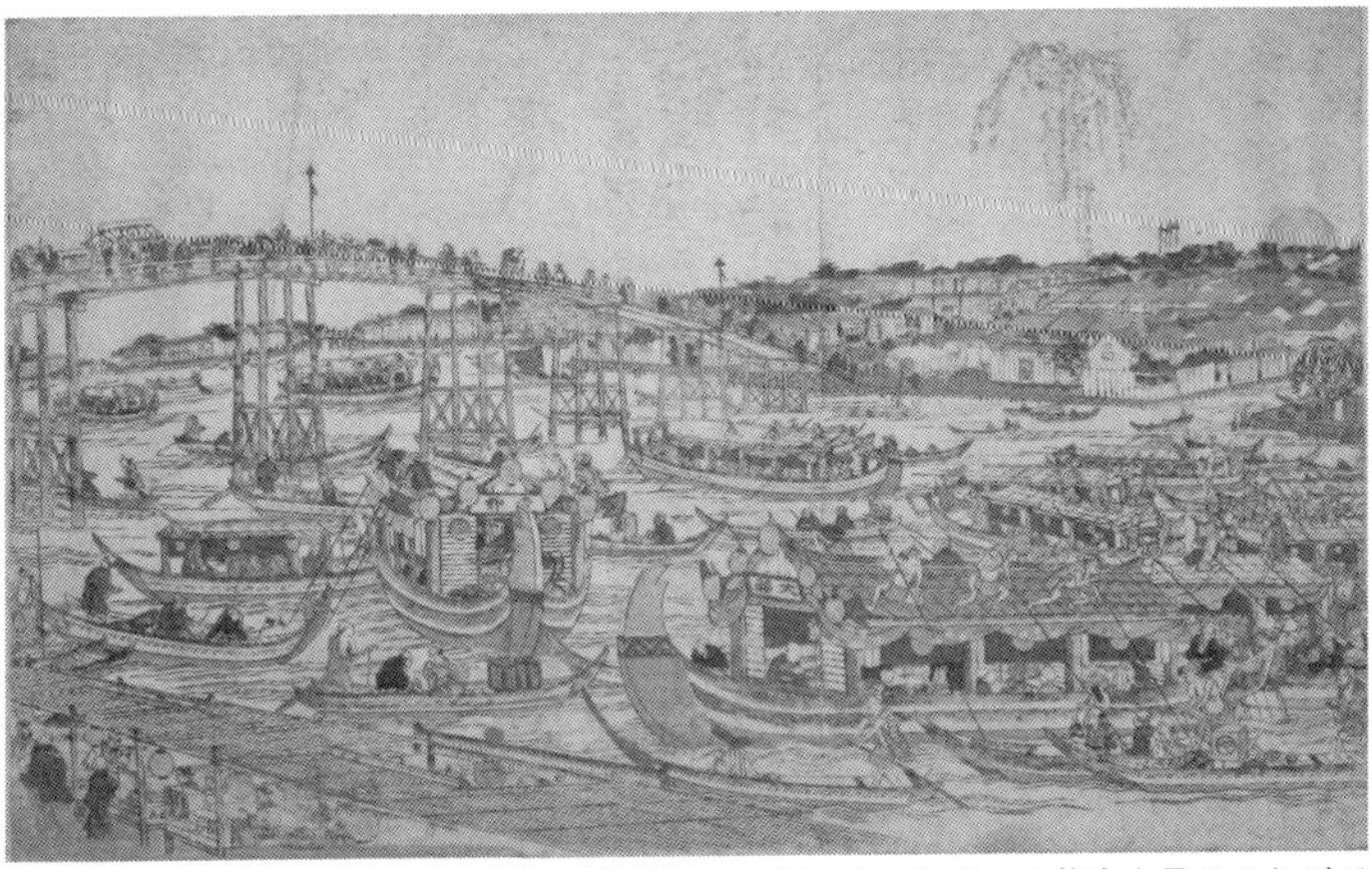

旧暦5月28日～8月28日の夕涼み期間は、スポンサーしだいで花火を見ることができたため、多くの人びとが両国橋を中心とした隅田川河畔を訪れた。なかでも川開きの日には、多くの屋形舟がいっせいに繰り出し格別の繁盛をみた。『両国橋川開きの図』国立国会図書館蔵

とあります。

朝早くの蓮見は、開花の音《ね》を楽しみつつ、芳《かぐわ》しい匂いを堪能します。そして紅白の蓮花の朝日に映《うつ》る光景のすばらしさは、例えようがないというのです。おそらく暑気払いとして、見る者の心までもさわやかに、すがすがしいものにしたことでしょう。

前述の『江戸名所花暦』には、また、

嶋《しま》の回《めぐ》りはみな貨食屋《りようりや》なり。名物蓮めし、田楽《でんがく》等を鬻《ひさ》ぐ

と述べています。不忍池の料理茶屋は、蓮飯が名物でした。蓮飯は、蓮葉飯ともいわれ、江戸中期以降盛んに食されたようです。蓮の葉をお米にかぶせて蒸す、あるいはご飯に蓮

蓮の名所であった不忍池で、茶屋から蓮花を眺める人びとを描く。歌川広重画『東都名所　不忍之池』国立国会図書館蔵

の葉を包んで蒸す、または蓮の葉を煎じその汁で飯を炊くなど、蓮飯のつくり方はさまざまでした。最近、あるテレビ出演の際にいただいた蓮飯は、蓮の巻葉を細かに刻み、菜飯《なめし》のように塩・醬油《しょうゆ》を少し入れて飯を炊いたもので、たいへんおいしいご飯でした。

江戸の人びとは、不忍池で蓮の花の見物をし、弁天島の料理茶屋で蓮飯を食べるなんて、なかなか粋《いき》な暮らしをしたものですね。

粋といえば、弁天島の周囲や池畔には料理茶屋に交じって、出会《であい》茶屋がたくさんありました。今でいうラブホテルです。弁天さまの大きな慈悲のもと、蓮の台《うてな》での密会、役者や御殿女中やその他さまざまな男女の「忍ぶ」恋が、なぜか「忍ばず」の池の出会茶屋で花開いていました。

（「粋に楽しく江戸ケーション」第六五回）

水の都、江戸の舟運

江戸時代、五月二八日は江戸両国の川開きで、花火が盛大に打ち上げられました。以降、八月二八日の川仕舞いの日まで三か月間、パトロンさえつけば毎夜花火が打ち上げられました。

中山道蕨《わらび》宿（現、埼玉県蕨市）の茂右衛門は、訴訟ごとで江戸の神田須田町の伊勢屋という宿屋に宿泊していた際、花火見物に出かけています。寛政一〇年（一七九八）六月二三日のことでした。

この日は終日暑く、夕涼みのために同宿の二人と連れだって両国に出かけました。彼の日記『岡田善休日記』によれば、

川淵《かわぶち》の葭簀《よしず》張《ば》りの水茶屋へ三人共にあがりて、川の面を眺め、涼みて暫《しばら》くたばこを呑む

とあり、料理屋には上がらず、安価な水茶屋での夕涼みをしています。

しばらくすると、立ち並ぶ水茶屋の提灯《ちょうちん》にいっせいに灯がともされ、

川中を見れば、数百艘《そう》の舟をうかべ、誠に始めての見物の人は目を驚かす

と、夕涼みのために屋形船や屋根船を仕立てて、花火見物をする贅沢《ぜいたく》な人たちへの羨望《せんぼう》の念を記していています。

やがて花火が上がりました。

なれ共、時節柄とやらで、花火等も先年と違い、毎夜は出《い》でず、尤《もつと》も今宵《こよい》は少しの花火見えたり、良き夜に来たりし

と、三人で喜び合いました。この日は出資者が少なく、花火は少ししか打ち上げられなかったようですが、それでも花火が見られたことに感激しています。

夜もだいぶ更けてきたので、三人は陸路でなく、柳橋より小船に乗り神田川を遡上して筋違橋《すじかいばし》で陸に上がりました。船賃は三人乗り合いで一〇〇文でした。

江戸は、隅田川を中心に堀割が縦横にめぐらされた、水の都でした。したがって物資だけではなく、人の移動にもこのように舟運《しゅううん》が盛んに利用されました。

次の事例は、尾張藩の陪臣小寺玉晁《こでらぎょくちょう》の江戸詰日記『江戸見草《みぐさ》』の天保一二年（一八四一）九月五日の条《くだり》に記されています。この日彼は、日本橋近くの知人宅の宴会に招かれ、夜遅くなったので船を頼んでもらいました。海賊橋あたりより船に乗り、日本橋川・隅田川を経て、神田川の昌《しょう》

平橋《へいばし》で陸に上がり市谷の尾張藩邸まで歩いて帰りました。昼間ならば牛込まで乗り込めたのですが、その間の堀が狭いので、夜は、夜陰に乗じて石を投げ込むいたずら者がいたため、怪我《けが》をする危険性があり、途中の昌平橋で上がらざるを得ませんでした。

この春（二〇一六年）、江戸東京博物館の特別展「レオナルド・ダ・ヴィンチ展」では「糸巻きの聖母」と直筆ノート「鳥の飛翔《ひしょう》に関する手稿」が人気を集めましたが、ダ・ヴィンチの都市計画に関する展示も注目されました。彼は都市が発達するには、河川か港湾が不可欠であると主張しています。その理由は、大量の貨物や建設用材などの重量物は船でしか運べなかったから、また都市生活を営むには、飲み水（上水道）や生活排水（下水道）が必要であり、河川がその役割を果たしてくれるからでした。

今日ではこれに加えて、河川の水辺は癒《い》やしと観光の両面から必要とされています。

江戸には江戸前海や隅田川、たくさんの堀割があり、都市の発達に大きく寄与していました。東京の未来を考える際、水の都の江戸をベースにする必要があるのではないでしょうか。

（「粋に楽しく 江戸ケーション」第八五回）

にぎわいと閑静の大江戸

ここに紹介する新出史料は尾張藩の儒者中村習斎《なかむらしゅうさい》の『東武官邸記』です。本書は、習斎が安永七年（一七七八）七月から同九年四月までの約一年一〇か月間、尾張藩戸山《とやま》屋敷（現、新宿区戸山）に滞在したときの日記です。

儒者としての公務は記さず、日記には「遊覧」と記した外出記録が豊富に収められています。また、習斎は歌人でもあったので、自詠・他詠の和歌も多数収載されています。さすが儒者です。湯島の聖堂を「拝見」しに行きますが、その学問の衰えを嘆息《たんそく》するなど、単なる遊びの江戸見物とはひと味もふた味も違っています。

江戸城にも興味をもっていました。安永八年正月九日には半蔵門より入り、御物見（将軍上覧場）・朝鮮馬場を経て竹橋から出ています。同じ正月三〇日には半蔵門より入り、天守台（もちろん台だけで天守はありません）を一見し、清水門から出ています。

これは天下祭（山王社《さんのうしゃ》と神田明神の祭礼）の行列が江戸城内を通るコースとほぼ同じで、ふだんから通行が許されていた可能性があります。

もちろん、浅草や両国などの盛り場をはじめ、江戸名所と称されるところを人並みに遊覧していますが、特別の感想を述べていません。つまり、にぎわいの大江戸に対する感動が、ほかの勤番武士に比べると薄かったようです。

しかし、江戸の橋名はほとんど「バシ」と濁るが、新大橋・鮫河橋《さめがはし》・中の橋の三橋だけは「ハシ」と澄んで読むことを、国元の尾張で聞いていたが、江戸に来てそれを確認したといった、いかにも学者らしい記事が目につきます（安永七年一〇月五日）。

中村習斎は戸山屋敷に住んでいたので、その周辺、つまり江戸の西北部に多く外出しています。それも寺社めぐりです。なかでもしばしば訪れたのが大久保天神（現、新宿区新宿）です。西向《にしむき》天神ともいいます。

安永八年七月六日に参詣の折には、

偽《いつわり》のなき身を守る神こころ　かはらぬ陰の松ぞ木高き

と一首を詠んでいます。同年一二月二五日の記事には、次のような感想を述べています。

私がこの天神境内で時を過ごすのが好きだと人にいうと、どうしてここがそんなによいのかと不思議がられます。でも私は江戸中でここが一番「閑静の地」で、世の煩わしさになやまされたときなどは、ここに来ると「静心を養ふ」ことができ、とても心が癒《い》やされます習斎にとって大久保天神の境内の森は、江戸出張生活のストレス解消をする憩いの場所だったのです。同じ寺社境内でも、活気あふれるにぎわいの大江戸を演出する境内もあれば、なにも習斎に限らず一般の江戸市民に対して心を癒やす閑静な空間を提供するという境内もあったのです。

（「粋に楽しく江戸ケーション」第九七回）

江戸のなかの仙台

東北の雄藩仙台藩（六二万石）は、首都江戸のなかにさまざまな分野でその名を刻んでいます。まずは仙台生まれの人材。天明・寛政期（一七八一～一八〇一）の相撲界をリードした谷風梶之助《たにかぜかじのすけ》は、仙台藩お抱えの人気力士でした。身長一八九センチ、体重一六一キロ、幕内通算成績は二五八勝一四敗、六三連勝という輝かしい記録を打ち立てました。力量・人格ともに優れ、寛政元年（一七八九）に相撲の家元吉田司家《よしだつかさけ》より小野川喜三郎とともに横綱を締めて土俵入りすることを許されました。小野川は、谷風の六四連勝を阻止した好敵手で、この二人の対戦は、江戸中を沸かせた人気沸騰の取り組みでした。

江戸前期には、都市江戸で消費された米の多くは「仙台米」でした。寛文年間（一六六一〜七三）に河村瑞賢《かわむらずいけん》が東廻り航路（房総半島を迂回《うかい》して江戸湾に入る航路）を整備するまでは、仙台米は、銚子から利根川を遡上《そじょう》し、江戸に運ばれるコースが一般的でした。その中間点の潮来《いたこ》（茨城県）は、物流の中継湊《みなと》として栄えました。

当時潮米で流行した「潮来節《ぶし》」の元唄は、仙台の舟唄でした。その潮来節がやがて江戸の吉原に伝わり、さらに江戸市中に広まりました。仙台の舟唄が江戸の流行歌になったのです。

「衣」の世界では、仙台産の精巧な絹織物である「仙台平《せんだいひら》」。それで仕立てた「仙台袴《ばかま》」が、江戸で流行しました。

「食」の世界では、藩祖伊達政宗が陣中用につくった辛口味噌《みそ》からはじまったと伝えられる「仙台味噌」が、江戸で売られていました。

「住」については、仙台藩の江戸屋敷と関係する地名が、江戸のなかにたくさんありました。たとえば、麻布にあった仙台藩下《しも》屋敷の近くの「仙台坂」。品川の仙台藩下屋敷の下り坂にも、「仙台坂」の名が残っています。明治になると坂の上の仙台藩下屋敷跡地には、元祖仙台味噌醸造所がありました。

現在の江東区を流れる川のひとつに「仙台堀」がありますが、北岸に仙台藩の蔵屋敷があったからです。この川の両岸を「仙台河岸《がし》」と称していました。また、現在の神田川の飯田橋駅付近から秋葉原駅付近までのあいだを、かつて「仙台堀」と呼んでいました。こちらは伊達政宗が開《かい》鑿《さく》したからだといわれています。

このように江戸のなかに仙台の名がたくさん刻まれ、江戸の経済・文化に大きな影響を及ぼしていました。

なお、仙台藩の江戸詰の藩医工藤平助は、蝦夷地《えぞち》の開発を時の老中田沼意次《たぬまおきつぐ》に進言したことで有名ですが、彼は「蝦夷地開けば、おのずから仙台は中国（国の中心）となる故、末々めでたき国とならん」とつねづね話していました（娘の工藤綾子著『むかしばなし』）。「江戸のなかの仙台」について述べてきましたが、もし工藤の予言どおり、仙台の地が江戸のような都になっていたら、「仙台のなかの江戸」が盛んに語られていたことでしょう。

（「粋に楽しく 江戸ケーション」第一〇七回）

第二章◆江戸の武士たち

浜御殿での鷹狩り

東京スカイツリーを隅田川から見ようというので、水上バスの発着場である浜離宮がにわかに都民の注目を浴びています。

浜離宮（正しくは浜離宮恩賜庭園）の歴史を繙《ひもと》くと、大まかにいって六期に分けることができます。

第一期は承応《じょうおう》元年（一六五二）に四代将軍家綱の弟徳川綱重《つなしげ》が屋敷を与えられた時期です。徳川綱重という有力大名の下《しも》屋敷で、「浜屋敷」とか「海手屋敷」と呼ばれていました。

第二期は徳川綱重の子綱豊《つなとよ》が六代将軍家宣《いえのぶ》となったため、将軍家の別邸となり、「浜御殿」と呼ばれるようになりました。

第三期は八代将軍吉宗の時期で、薬草やサトウキビを植えたり、食塩をとるための塩田、刀をつくる鍛冶《かじ》小屋、機織《はたお》りの研究所、象の飼育小屋、西洋騎馬術の訓練場など、浜御殿は遊覧の御庭というよりは吉宗らしい実学の研究場・実験場の感がありました。

第四期は一〇代将軍家治《いえはる》からの時期で、安永七年（一七七八）に鴨場《かもば》二か所が設けられ、ここで鷹《たか》狩りが行われるようになり、次の一一代将軍家斉《いえなり》と一二代将軍家慶《いえよし》は浜御殿をもっとも活用しています。

第五期は明治三年（一八七〇）に浜御殿は皇室の離宮となり、「浜離宮」と呼ばれるようになりました。

第六期は昭和二〇年（一九四五）に東京都に下賜され、今日に至るまでですが、「浜離宮恩賜庭園」という都立の庭園として大勢の人びとに親しまれています。

話を江戸時代に限りますと、歴代将軍の浜御殿の利用回数は家宣が七回（二年に一回）、吉宗が四回（七年に一回）、家治が一九回（一年半に一回）、家斉がだんぜん多く二四八回（一年に五回）、次いで家慶が九九回（一年に六回）です。その後は家定が六回（一年に一回）、家茂《いえもち》が五回（一年半に一回）というように、あまり利用されていません（服部勉・進士五十八「江戸期浜離宮庭園における回遊利用の図上復元についての研究」『造園雑誌』五四巻五号所収）。

将軍の浜御殿利用回数は全部で三八八回、そのうち家斉・家慶の二代だけで三四七回、全体の九〇パーセント近くに達しています。

家斉は二四八回も浜御殿に「御成《おなり》」していますが、そのうちの一六六回は浜御殿内の鴨場で鷹狩りをしています。家斉はよほど鷹狩りが好きだったのでしょう。

鷹狩りとは、鷹を狩りすることではなくて、ウサギや鴨などの小動物を鷹を使って捕らえることです。放鷹《ほうよう》ともいいます。

鷹狩りには二種類あって、一つは農民を勢子《せこ》として動員し、追い出させた小動物を鷹に捕らえさせる大規模なもの。もう一つは鴨場という限定した場所で、鷹を使って鴨などの水鳥を捕らえる小規模なものです。

浜御殿での小規模な鷹狩りは、将軍にとって気軽にできる楽しみだったのでしょう。

家斉は鷹狩りが大好きで、鷹に関する書籍を好み、また確実に獲物を捕らえる志津《しづ》という名の愛鷹《あいよう》がおり、狩野養川院《かのうようせんいん》にその雄姿を描かせ、捕らえた鳥の数をその絵の上に記させました。

浜御殿は、家斉自身が園遊を楽しむ別邸としての機能だけではなく、公家衆や有力大名や諸役人らを招待して楽しませる将軍家の接待場でもありました。

寛政一一年（一七九九）に尾張藩主徳川宗睦《むねちか》が浜御殿に接待された際の記録によれば、そのとき鷹狩りで捕らえた鳥は小鴨四羽、真鴨二羽、尾長鴨一羽でした。そのうちの真鴨一羽は、使者を通じて将軍家斉に即刻献上しています。

現在も新銭座《しんせんざ》鴨場と庚申堂《こうしんどう》鴨場の二つの池が、浜離宮恩賜庭園に残っています。

（「粋に楽しく 江戸ケーション」第五四回）

大名の下屋敷はレジャーランド

参勤交代制度のもと、諸大名は江戸に上《かみ》屋敷・中《なか》屋敷・下《しも》屋敷といった藩邸をもっていました。大まかにいえば、上屋敷は藩主が住む公邸、中屋敷は隠居した藩主や世子《せいし》らの住居、下屋敷は築《つき》山《やま》や池を配した休息用の別邸など、それぞれ固有の機能がありました。

なかでも都心から離れた広い下屋敷は、自然の景観を大いに取り入れた設計で、藩主や家族たちのレクリエーションの場として利用されました。

加賀百万石の大名前田家の下屋敷は、板橋宿に隣接する平尾にあり、その面積は二一万坪余。諸大名の下屋敷のなかでも最大の広さでした。

『加賀藩史料』によれば、この下屋敷（平尾邸）は、藩主らの保養のため、あるいは遊山《ゆさん》のため、または鷹狩《たかが》りといった狩猟のため、さらには客を招いての園遊会のためなど、さまざまに活用されました。

天保二年（一八三一）九月四日、藩主前田斉泰《なりやす》が下屋敷へ遊びにいくついでに、馬の早乗りで王子《おうじ》稲荷《いなり》から飛鳥山《あすかやま》、さらに紅葉の名所滝野川を遊覧して、板橋の下屋敷に入っています。天気もよく、途中細い道は馬から降りて徒歩で散策するなど、大いに「御慰《おなぐさみ》」になったようです。

そのうえ下屋敷では、持参した提重《さげじゅう》のご馳走を夕景御亭で食べたあと、今度は池に浮かべた舟に乗って菓子を食しています。もちろん乗馬を共にした御供《おとも》の者や小姓たちもご相伴《しょうばん》にあずかっています。まるでピクニックのような楽しい光景が浮かんできます。

幕末の嘉永三年（一八五〇）正月二九日、そして二月四日には、藩主斉泰は下屋敷へ鷹狩りに出かけています。鷹を使って小鳥を捕る大名の遊びです。両日とも、あまり収獲はなく、それぞれ小鴨一羽ずつでした。

同年二月一九日は、会津藩主松平容敬《まつだいらかたたか》・世子松平容保《かたもり》の父子と、高松藩主の松平頼胤《よりたね》を下屋敷に招待しています。いずれも前田家とは親戚筋にあたる家です。

なお、松平容保は、のちに京都守護職として幕府のために大活躍するんです。

同日、午前中は例によって鷹狩りで遊び、山海の珍味の昼食をとったあと、午後は池中へ舟を漕《こ》ぎだして音楽（雅楽）の演奏です。演目は越《え》天楽《てんらく》・抜《ば》頭《とう》・陵王《りょうおう》など、太鼓は会津侯みずから、鞨鼓《かっこ》は讃岐《さぬき》侯みずから音取りをしています。横笛・簫《しょう》・篳篥《ひちりき》は会津藩の家臣三名と加賀藩の家臣二名で合奏、その後酒宴となります。スケールの大きい園遊会といってよいでしょう。

翌嘉永四年七月二九日には、藩主斉泰は世子慶寧《よしやす》の夫人らとともに下屋敷に出かけ、昼間は庭内を散策、午後六時に夜食をすませてから「花火」見物をしています。広い下屋敷ですから、花火大会を催すことができたのでしょう。一行が本郷の上屋敷に帰ったのは午後一〇時過ぎでした。

ここでは、前田家の事例をとり上げましたが、ほかの大名の下屋敷も多かれ少なかれ同じように使われていたことと思います。まさに大名の下屋敷は、今日でいえば、レジャーランドのようなものだったといえましょう。

（「粋に楽しく 江戸ケーション」第七三回）

宿場町やお化け屋敷があった大名下屋敷

東京の新宿区にある都立戸山《とやま》公園には、小高い山があります。通称「箱根山」といい、戦前の地図によれば標高四四メートルほどであり、芝の愛宕山《あたごやま》の約二五メートル、神田明神の高台の約二〇メートルに比べ、旧東京市内では、最高峰の山でした。この箱根山は、じつは江戸時代の尾張藩下《しも》屋敷内に造られた人工の築山《つきやま》でした。

尾張藩の下屋敷は、約一三万六〇〇〇坪という広大な屋敷で、屋敷内は大部分が庭園でした。庭園には中央に約二万坪の大きな池があり、山や谷の起伏に富んだ池泉《ちせん》回遊式の大名庭園でした（以下、小寺武久著『尾張藩江戸下屋敷の謎』参照）。

この尾張藩下屋敷でとくに有名だったのが、「御町屋」と呼ばれた宿場町（「小田原宿」を模したといわれている）です。三六軒の町屋が造られており、町の両端には木戸が設けられていまし

た。木戸の脇には高札が立てられましたが、その内容は市中の高札とは内容を逆転したユーモアあふれるものでした。たとえば、

一、この町中において喧嘩《けんか》口論これなきとき、番人は勿論《もちろん》、町人早々に出合わず、双方を分けず、奉行所へ届けべからざる事

とか、

一、人馬の滞《とどこお》り、有りても無くても構いなき事

などとあります。

宿場町には本陣・問屋《といや》・旅籠《はたご》屋のほか、米屋・酒屋・菓子屋・瀬戸物屋・本屋・扇子屋・植木屋などが軒を連ね、弓師・矢師・鍛冶《かじ》屋など職人の店もありました。

将軍家の御成《おなり》など園遊会の日には、この宿場町は町人に扮《ふん》した侍たちのもてなしで大いににぎわったことでしょう。将軍や大名たちは、実際には江戸市中を漫歩《まんぽ》することはできなかったので、大名下屋敷のこうした仕掛けや演出は、彼らにとって大いなる慰みになったことと思われます。

もう一つ、大名下屋敷の仕掛けを紹介しましょう。

浅草寺《せんそうじ》領の東北、聖天町《しょうでんちょう》・山《やま》ノ宿《しゅく》町のあたりには、丹波《たんば》園部《そのべ》藩小出《こいで》伊勢守の下屋敷がありました。総坪数は一万坪余りです。この小出氏の下屋敷は、「姥ケ《うばが》池《いけ》とて、往古一ツ家在りし処也《なり》と云う」（『戯場年表』）とか、「内には、山あり池あり。山は昔の一里塚。池は姥が池是《これ》なりと云えり」（『きさのまにまに』）とあります。この屋敷は浅草寺境内の喧噪《けんそう》を離れて、なにやら妖しげな伝説の雰囲気に満ちた静寂な空間でした。

山姥の美しき娘の足許には、大石を落として旅人の頭を割るための石枕が描かれている。歌川広重画『東都旧跡尽　浅茅が原一ツ家石の枕の由来』国立国会図書館蔵

姥ヶ池伝説（一つ家伝説ともいう）とは、こんな話です。昔、このあたりに旅人が泊まる一軒の小さなあばら家があったといいます。ここに老婆と娘が住んでいて、老婆は旅人が寝床に入ると、大きな石枕で旅人の頭を

たたき、身ぐるみはがして死体を近くの池に捨てたそうです。あるとき、浅草の観音さまが旅の少年に変身してこの一つ家に一泊、娘はこの少年を逃がし、身代わりに床に入りました。そうとは知らぬ老婆は娘を殺してしまいます。老婆はすっかり改心して観音の教えを受け、巨大な竜に変身し、殺した娘を抱きかかえて、そばの池の中に消えたそうです。この池が姥ヶ池と呼ばれました。

一つ家も姥ヶ池も、今日でいうお化け屋敷の舞台として格好のもの。夏などに接待された客は大いに背筋に涼気《りょうき》を感じたことでしょう。この小出下屋敷は天保の改革の際、目白に移転を命じられ、その跡地に芝居で有名な猿若町ができました。

（「粋に楽しく 江戸ケーション」第七四回）

名古屋城の天守を破損する

〽伊勢は津で持つ、津は伊勢で持つ、尾張名古屋は城で持つこの歌詞は、ご存じ伊勢音頭の一節です。ここでいう「城」は、言うまでもなく名古屋城のこと。尾張名古屋の町の発展は、立派な名古屋城があってこそ、という意味でしょう。

名古屋城は大御所徳川家康の指示のもと、諸大名（主として中部・西国の外様大名）の助役《すけやく》による「天下普請」として、慶長一四年（一六〇九）から同二〇年にかけて天守を含む本丸などを築城。さらに、家康没後の元和・寛永年間（一六一五〜四四）に、尾張藩の事業として二之丸などの大規模工事を行い、この城は完成しました。

名古屋城は他の諸藩の城とは著しく異なった特色をもっていました。

第一に、西国の反徳川勢力から江戸城・駿府《すんぷ》城を守る前衛の城（前線基地）として位置付けられていたこと、

第二に、城の中枢である本丸御殿は、藩主の行政・居住空間ではなく、三代将軍家光の寛永上洛《じょうらく》の際にみられるように、将軍の旅宿御殿として格式の高い機能をもたされていたこと、などです。

したがって、藩主の主たる政務・生活の場は二之丸でした。まさに将軍と直結する御三家筆頭の尾張藩ならではの城でした。

名古屋城を象徴する天守（江戸時代、「天守閣」とはいわなかった）も、軍事的な威厳とともに将軍の権威を誇示するものでした。

天守は、創建から六〇年近く経った寛文九年（一六六九）に修理され、その後もしばしば修復が繰り返されました。宝暦二年（一七五二）の修復に関する記事は、『名古屋市史』所収の「水いはひ」に、「宝暦二申《さるの》年六月より名古屋御城御天守の破損《はそん》始る」と書かれています。

ここに「破損」とありますが、一般的に破損とは壊れることを意味しますが、江戸時代には修理・修繕することをも意味していました。

そういえば、江戸幕府の職制のなかに「破損奉行」という役人がいました。

幕府の土木・建築を司《つかさど》る長官は、普請奉行・作事奉行・小普請奉行の三奉行です。寺社奉行・町奉行・勘定奉行のいわゆる「三奉行」に対し、この土木・建築関係の三奉行は「下《した》三奉行」と呼ばれていました。

普請奉行は主として土木に関すること、作事奉行は建築や修繕に関すること、小普請奉行は作事奉行の管轄外の建築や修繕に関することを司っていました。それぞれ享保以降の役高は二〇〇〇石。上級旗本が就く役職でした。

このうち小普請奉行は、当初、破損奉行総頭と称していましたが、元禄一四年（一七〇一）から単に小普請奉行と改称されました。

このほか破損奉行という幕府の職制は、大坂と駿府にも置かれました。城内外の建造物の営繕や材木の管理を担当、大坂では元禄一一年にそれまで材木奉行と称していた職名を破損奉行と改称。駿府では宝永四年（一七〇七）に破損奉行が創置されました。

あらためて、「破損」には一般的な意味とはまったく反対の、修理・修繕するという意味があったことがわかります。

近々、名古屋市では市の活性化のために、名古屋城の天守（昭和二〇年〈一九四五〉五月に空襲で国宝の木造天守は焼失、昭和三四年鉄筋で再建）を木造に改築するそうです。さしずめ江戸時代であるならば、「名古屋城の天守を破損する」と言ったことでしょう。

（「粋に楽しく 江戸ケーション」第一一回）

田沼意次再評価の原点

江戸時代に活躍した政治家のなかでも、ひときわ目立つ異色の政治家といえば、まず田沼意次《たぬまおきつぐ》の名が浮かびます。六〇〇石の旗本家に生まれながら、その身一代で大名（五万七〇〇〇石）に昇進し、老中となって幕政の全権を掌握したその異例の出世ぶりは、彼の並々ならぬ政治的才能をうかがわせます。

それに加えて彼の行った政治は、旧来の伝統的幕政の枠からはみ出たきわめて特色あるものでした。彼の外国貿易の奨励・拡大策（開国策）や、商業資本と結託する重商主義的政策は、鎖国主義の墨守《ぼくしゅ》、重農主義の徹底という伝統的幕政とはかなり趣を異にしていました。

とにかく田沼意次は、相当な傑物であり、彼の個性がその時代に強い影響を与えました。それゆえ彼が活躍した一八世紀の後半、日本年号でいえば、宝暦・明和・安永・天明の時代を、あえて「田沼時代」と呼んでいます。

しかし、田沼意次に対する人物評や田沼政治に対する評価は、昔からあまり芳《かんば》しいものではありません。むしろ、彼は悪徳政治家の代表として、そして彼の政治は悪政の見本として挙げられるのが常でした。たとえば、私が習ったかつての高等学校の教科書にも、「十代（将軍）家治《いえはる》のときになると、田沼意次・意知《おきとも》父子が朋党を結んで権力を振るった。その施政は、実利本位で、財政難を救うために悪質の貨幣を改鋳し、町人に金を借り、開墾を行ったりしたが、確乎《かつこ》たる理想を欠き、一身の利慾《りよく》にふけったので、綱紀の紊乱《びんらん》が甚だしくなり、庶民は、悪政と凶作飢饉《ききん》のために苦しんだ。この時代は、幕府が堕落して行く第一段階にあたり、これを田沼時代という」と酷評しています。

はたして田沼は、ここにいうほどの悪徳政治家であったのか。また、彼の政治が悪政の見本のようなものだったのでしょうか。こうした疑問を解くべく、はやくも大正四年（一九一五）に辻善之助氏は『田沼時代』を著し、田沼への再評価を促しています。

すなわち、「意次の専権」「役人の不正」「士風の廃頽《はいたい》」「風俗の淫靡《いんび》」「天変地妖」「百姓町人の騒動」「財政窮迫と貨幣の新鋳」「開発　座　運上」の八節にわたって詳述したのち、

これらはすべてこの時代の暗黒面を示すものである。しかしながら吾人《ごじん》（著者―編集補）はこの暗黒の間において一道の光明の閃《ひらめ》くもののあるのを認める。それは即ちこの時代における新気運の潮流である。

と述べ、田沼時代を、

①民意の伸長
②因襲《いんしゅう》主義の破壊
③思想の自由と学問芸術の発達

という新気運勃興の時期ととらえ、田沼の開国思想や貿易拡大政策、さらには格式にとらわれぬ人材登用策などに、むしろ積極的進歩性を見いだしています。

辻善之助氏は、また同書において、新田開発・鉱山開発の奨励や座・専売制の実施をはじめとするこの期の一連の功利政策の先駆が、すでに享保の改革の政策中にあることを明らかにし、享

保の改革と田沼政治の連続面を指摘、同じ政策を実施しながら、享保の改革を行った八代将軍吉宗は、非難されないどころか中興の英主としての誉れが高く、一方の田沼意次は、生存中にも死後にも酷評されているのは、誠に理屈に合わぬと、従来の説を鋭く批判しているのです。
近年の田沼時代に関する研究は、この辻善之助氏の古典的名著『田沼時代』(現在は岩波文庫本)を原点として再評価が進んでいます。

(「粋に楽しく 江戸ケーション」第一二一回)

大岡裁き、冤罪を救う

享保の改革をリードした八代将軍吉宗を補佐した名町奉行といえば、ご存じ大岡越前守忠相《おおおかえちぜんのかみただすけ》です。彼は町火消の創設や小石川養生所の開設など、江戸市政に数々の業績を残しました。なかでも彼の裁判は、「大岡裁《さば》き」といって後世に至るまで大いに称賛されました。
そうした世論形成に影響を与えたのが、大岡裁きを題材とした一連の実録体小説『大岡政談』でした。

しかし『大岡政談』のなかの「三方一両損」は大岡越前の裁きではなく、中国の裁判物語の翻《ほん》案《あん》でした。また、「直助権兵衛」は北町奉行の中山時春の裁き、「天一坊《てんいちぼう》」は勘定奉行の稲生《いのう》正武《まさたけ》が担当した事件でした。たくさんある大岡裁きの伝承のなかで、真の大岡裁きはたった一件のみという研究もあります。

そこで、大岡は名行政官であったが名裁判官ではなかった、ということになります。はたしてそうでしょうか。当時の刑事・民事の裁判関係記録集である『撰要類集《せんようるいしゅう》』のなかから、キラリと光る大岡裁きの一つの例を紹介しましょう。

享保一〇年（一七二五）四月二五日、伝兵衛なる者が火付盗賊改役《あらためやく》の飯田《いいだ》惣左衛門《そうざえもん》により、放火の容疑で捕縛《ほばく》されました。吟味の結果、二月の四谷箪笥町《たんすちょう》と三月の小網町《こあみちょう》の放火、およびその際の金品の盗みを、白状《はくじょう》（自白）しました。

当時の裁判では、自白は最重要の証拠でしたから、伝兵衛を火あぶりの刑に処すと決まり、六月六日に町中引廻《ひきまわ》し、七日に放火現場の小網町で一日晒《さら》し、翌日に処刑することになりました。

一日晒しの日、市中では「今晒されている伝兵衛は放火などしていない。あれは冤罪《えんざい》だ」という噂《うわさ》が取り沙汰されていました。大岡越前の組同心が、すぐさまその旨を大岡に報告。さっそく内々に調査を進めたところ、伝兵衛は捕縛された四月二五日まで、小網町の数珠屋六左衛門宅にいて弟子奉公しており、放火日とされる日には六左衛門宅にいたというアリバイが裏付けられました。

当時、再吟味（再審）はほとんど行われませんでしたが、大岡は老中松平乗邑《まつだいらのりさと》に強く要請し、再吟味することになりました。

その結果、火付盗賊改役の飯田惣左衛門の手先の源七と法順が、褒美金《ほうびきん》ほしさに、無実の伝兵衛に拷問《ごうもん》するぞとおどして無理矢理に放火したと白状させたことがわかりました。

そこで、火あぶりの刑が確定していた伝兵衛の罪は、一転して「所払い《ところばらい》」（町内追放）という微罪になりました。一方の源七・法順の両名は、おのれの利益のために無実の者を処刑させようとした大罪によって、死刑に処せられました。

こうして大岡越前は、みごとに冤罪を防ぎ、一人の人間の命を救ったのでした。

事件決着後の八月一五日、次のような内容の町触《まちぶれ》が市中に発せられました。

今後、重罪の者はもちろん、軽罪の者であっても、万一、無実の者が処分されることを見たり聞いたりしたときは、至急、その者の親類はもちろん、身寄りの者であっても、処分がなされる前に遠慮なく吟味《ぎんみ》を願い出なさい

冤罪防止のため再審請求を許可するという、大岡が作成した画期的な町触でした。やはり彼は

名裁判官でもあったのです。

（「粋に楽しく 江戸ケーション」第六二回）

定火消同心だった歌川広重

「火事と喧嘩《けんか》は江戸の華」といわれた江戸です。火事は頻繁に発生し、しばしば何十町をも焼き尽くす大火となりました。

これに対する防火対策は十全《じゅうぜん》ではありませんでしたが、一応、大名を中心とする大名火消、旗本が指揮する定火消《じょうびけし》、町々が請負う町火消などが、消火に活躍していました。

なかでも定火消一〇名（江戸中期以降の定員）には、三〇〇〇～五〇〇〇石クラスの旗本が任命され、江戸市中一〇か所に設けられた火消屋敷をそれぞれ与えられ、与力六名、同心三〇名が付属しました。

かの『東海道五十三次』で有名な浮世絵師の歌川広重は、じつはこの定火消同心の安藤源右衛門の子として、寛政九年（一七九七）、八代洲河岸《やよすがし》定火消屋敷内に生まれました。幼名は徳太郎。

文化六年（一八〇九）、一三歳で家督を継ぎ、重右衛門と名を改めました。

彼の定火消同心としての活躍は、たとえば文政元年（一八一八）一二月二二日夜、小川町から出火の際、彼の奮闘により「大火に及ばず防ぎ留め」（由緒書）として表彰されています。ただし、一般的に同心というのは、幕府の役人とはいえ、きわめて薄給で、そのうえ原則一代限りで雇用更新という、たいへん不安定な身分でした。安藤重右衛門もその例外ではありませんでした。

しかし彼は幼いころより絵がひじょうに上手で、歌川豊広の指導を受け、文化九年には師匠の名前の一字「広」をもらい、歌川広重の画号を名乗るようになりました。もちろん「重」は、自分の名の重右衛門に由来すると思われます。

以後、火消の公務と画業を並立させていましたが、天保三年（一八三二）、養子の仲次郎に定火消同心の職を譲ってからは画業に専念、数々の風景画の傑作を世に出しました。天保四年ごろから出版された『東海道五十三次』や、最晩年の安政三年（一八五六）から出版した『名所江戸百景』がその代表作です。

彼の絵は、いかに下級とはいえ武士としての矜持《きょうじ》を保ちつつ、一方では町絵師としての叙情《じょじょう》豊かなセンスをいかんなく発揮しているといえましょう。

歌川広重こと安藤重右衛門は、安政五年九月六日に没しました。享年六二歳。死の直前の九月二日と三日に遺書を遺していますが、その遺言どおり浅草の東岳寺《とうがくじ》（現在は足立区伊興本町《いこうほんちょう》に移転）に葬られました。

彼の遺書（江戸東京博物館蔵）には、

見栄《みえ》や飾りは無用で、野辺《のべ》送りはできるだけ簡単にやってほしい

とあります。

ただし、武士としての身分にこだわっていたようで、

戒名《かいみょう》はぜひ院号付きにしてほしい。その費用は、寺に聞いて適当な金額を出してほしい。けちはよくない。無駄は省《はぶ》いたほうがいい。通夜に来てくれる人にはご馳走《ちそう》をしていい。葬式は武家風にしてほしい

とあり、法名は、遺言どおり顕功院徳翁立斎居士という院号付きでした。

また、形見分《かたみわ》けについては、

絵の道具や写し物など絵画類は、名取《なとり》の弟子に分けてほしい。とくに重宣《しげのぶ》（二代広重）は、長いあいだ私に仕えてくれたので、譲《ゆず》り物に特別の配慮をしてほしい。私が愛用していた脇差《わきざし》二本のうち、どちらでも一本をやってほしい

とあり、広重の弟子たちに対する温かい思いやりがうかがえます。

（「粋に楽しく江戸ケーション」第五九回）

幕府にショックを与えた強盗事件

寛政三年（一七九一）四月のこと、あまり知られていませんが、二〇日間あまりも江戸市中を震撼《しんかん》させた押し込み強盗事件がありました。

強盗は一夜に三、四か所ずつ、それも連夜にわたって押し入り、抵抗すれば殺人に及びました。しかし、この盗賊は神出鬼没でなかなか捕らえることができません。江戸市民は犬の声、風の音にもおびえて、ひと晩中寝ることもならず、噂《うわさ》が噂を呼び、日一日と人びとの動揺は大きくなっ

ていきました。

なかでも町家だけでなく、武家屋敷にも強盗が押し入り、押し入られた武士は強盗を斬り捨てるどころか、かえって彼らに縛り上げられ、彼らの狼藉《ろうぜき》のままに任せているといった風説が江戸中に広まったことは、幕府に強烈なショックを与えました。

火のないところに煙は立たぬのたとえのごとく、たしかに強盗は武家屋敷にも押し入ったようです。しかもこれを誇大《こだい》に噂されることは、武士にとってきわめて屈辱的であり、武士の権威にかかわる深刻な事態でした。

とくに寛政三年といえば、あの有名な寛政改革を開始してちょうど四年目、まさに改革の真っ最中。主要な改革政策がほぼ出揃《でそろ》い、これからその成果が大いに表れると、老中松平定信をはじめ為政者たちが期待していたその矢先に、この騒動が起きたのです。この事件の処置如何《いかん》によっては、改革の成否が問われる非常に緊迫した場面でもありました。

そこで幕府は、早急に盗賊を捕縛《ほばく》しなければなりませんでした。『続徳川実紀』の寛政三年四月七日の条《くだり》に、先手弓頭《さきてゆみがしら》の松平左金吾に盗賊捕縛の命令を下したとあり、これがこのときの盗賊対策の初見です。やがて先手組三六組の惣《そう》出動を命じました。

『御触書天保集成』の「盗賊之部」には、寛政三年から天保七年（一八三六）までの盗賊取り締まり関係の法令が一一点収録されていますが、そのうち九点までが寛政三年四月に集中的に発せられており、この事件への幕府の必死な対応を読みとることができます。

二〇日間あまり、町人だけでなく武家をも恐怖におののかせた盗賊一味も、四月二二日に火付盗賊改めの長谷川平蔵によってついに召し捕られ、やっと騒動は沈静化しました。さすが「鬼平」です。

一味の主犯は大松五郎という者で、実名・出自・年齢・犯行歴その他いっさい不明です。その理由は、取り調べが進めば進むほど、押し入られた武家の恥辱的な姿を、次々に自白するので、長谷川は大概のところで吟味に決着をつけ、処刑後に、関係文書をすべて抹消したためといわれています。

一説によれば、大松五郎は駕籠《かご》に乗り、葵《あおい》の提灯《ちょうちん》をかかげた供《とも》を召し連れ、高禄《こうろく》の旗本行列のごとく装って出没したので、葵小僧の異名をもち、五月三日に獄門に処されたといいます（『三《み》田村鳶魚《たむらえんぎょ》全集』第一四巻）。

犯人はそれなりの剣術の使い手とすれば、下級御家人の不良青年の可能性があります。改革政治への不満がその背景にあったようにも思われます。もし長谷川が吟味書を抹消しなければ、この事件のもっと興味深いウラがのぞけたかもしれません。

（「粋に楽しく 江戸ケーション」第九五回）

今も昔も共同生活は大変です

和歌山藩の下級武士酒井伴四郎《さかいばんしろう》の万延元年（一八六〇）「江戸詰日記」は、読むたびに新しい発見がある、すばらしい日記です。

伴四郎は有名人ではありません。一介の武士です。彼はこの日記を後世の人に見せる気持ちもありませんし、後世の人が読むことなども想定していません。その時その時の率直な気持ちをありのままに記し、なんら飾るところがありません。単なる平板な行動記録ではなく、感情を吐露した記事が随所にある、超一級の日記です。

伴四郎の江戸での暮らしは、叔父の宇治田平三と同僚の大石直助との三人の共同生活です。妻子を国元に残しての単身赴任、誰かが病気になれば互いに助け合うという、麗《うるわ》しい場面もたくさんあります。

しかし、毎日々々顔をつき合わせていれば、三人のあいだに微妙な感情のあつれきや、金銭勘定のトラブルが生じてもおかしくありません。

しかも三人の立場は平等ではなく、叔父宇治田平三の江戸転勤に伴い、その手伝いとして、あとの二人は江戸に連れてきてもらったという負い目があります。したがって少々の不満があっても、面と向かって叔父さまに文句を言えない立場でありました。そのはけ口が日記でした。

七月二六日の日記に、

昼飯の菜に昆布煮候はば、叔父様に半分いかれる

とあり、同二八日にも、

昼飯に此程《このほど》の昆布の残りを菜に煮候処、また叔父様に半分取らるる（中略）実に困り入り候、誠に思いやりのなき事

と非難しています。

食べ物の恨みはこわいと言いますが、九月二〇日には、人参《にんじん》の値段が安かったので、何日分かを煮だめしておいたのに、そのほとんどを叔父さまに食われてしまったとあります。そして、「やれやれ買い置きはこりごり、徳（得）をせんとて、かえつて損」した、と悔しがっています。

ただし、ずばり金銭面でのこととなると、叔父さまとしばしば口論をしています。たとえば七月二一日に、

朝三十一文の事にて叔父様と口論（中略）、叔父様は片意地に返したと申し候えども、終《つい》にはお出しなられ候

とあります。また二九日には、叔父さまが買った酢二合の代金を三人割で支払えと言うので、直助がどうせ叔父さまが全部お使いになるのが必定、全額支払って下さいと彼是《かれこれ》抵抗し、

終には叔父様、口唇壱間《けん》程延ばしながらお出しなられ候

とあり、ひょっとこのように口をとがらして文句を言う叔父さまの様子が活写されています。そうしたなかで、キラリと光る記事がありました。八月一九日の、

叔父様は諸事付目《つけめ》多く、紙くずの銭も御自分遣いになられ、直助立腹

という記事です。叔父さまは万事、得になること（付目）をしてばかり、三人の共同生活で出た紙くずを売った代金でさえ独り占めしたというのです。

彼らの不満の記事のひとつとして興味深いものがありますが、一方、本文中の「紙くずの銭」というわずか五字に着目すると、この紙くずがやがて浅草紙という再生紙となって人びとに愛用される循環社会、江戸の一面をかいま見ることができます。

（「粋に楽しく江戸ケーション」第八七回）

コラム

江戸無血開城を実現したのは誰か

官軍参謀の西郷隆盛らは、慶応四年(一八六八)三月一五日を期して江戸総攻撃をすることを決めました。そこで旧幕府方の勝海舟は開戦直前の三月一三日と一四日の二回にわたって西郷と会談、官軍の江戸総攻撃をみごと中止させました。

この西郷・勝の英断によって、江戸の町を火の海に化すことなく、江戸城を無血開城に導いた功績は大なるものがあり、両人への高い評価は、人びとによってその後もずっと語り継がれています。

ただしこれらは、戦争をせずに江戸開城することを官軍方と旧幕府方とのあいだで合意したということであって、実際に無血開城を実現するには、城の明け渡し・請け取りが平和裡《へいわり》に行われることが必須でした。

総攻撃中止の日から一〇日後の三月二五日、江戸城の請け取り役は尾張藩に命じられました。

その後、城請け取りの日時は四月一一日午前八時ごろと決まりました。

尾張藩では、江戸城請け取りの実行部隊の指揮官として、同藩軍事奉行の水野彦三郎を任命しました。ほとんど世間に知られていない人物です。

この水野彦三郎は、尾張の徳川慶勝《よしかつ》の側近で、絶対、戦争になってはならず、いかなる不測の事態が起きようとも平和裡に江戸城を請け取るようにとの慶勝の内命をしっかりと胸に収めて対応しました。

以下の記述は、明治六年（一八七三）に彼が記した「江城請取顛末《てんまつ》」、およびその草稿を参照したものです。

右の史料によれば、四月一一日午前八時少し前に、水野が率いた尾張隊は西の丸（当時本丸は焼失していた）大手門に到着しました。ところが、すでに薩摩隊が大手門の前に集結していました。水野はさっそく西郷と面会し、「約束が違う。城請け取りは尾張藩の役目。尾張隊と交代させてください」と抗議しました。すると西郷は、「時間を間違え、早く来すぎた。すぐ薩摩隊を退かせ、尾張隊と交代させる」と返答したそうです。

参謀西郷が時刻を間違えるはずがありません。江戸城開城という大事業を早く成し遂げたいという彼のはやる気持ちと、血気盛んな薩摩隊の気負いが察せられます。

水野は大手門の開門をじっと待ちます。時は刻々と過ぎていきます。三回にわたって開門の督促をしますが回答がありません。いざというときに備えて江戸城を包囲していた長州・肥後・大村・佐土原《さどわら》・備前の諸隊の隊長から、水野の元に開門しないなら当方から踏み込むべきだという矢のような催促。水野はそのたびに「今しばらくの猶予を」の懇願しきり。予定より三時間あまり経った正午近くに、とうとう池上本営より参謀海江田信義が出陣したとの報に接し、もはや今までの努力が水泡に帰したかと無念の気持ちがわき起こったとき、礼服を着た旧幕府方の使者が、大手門を開けました。水野はこのとき大きく息を吐き、無血開城が実現したことを喜びました。

水野彦三郎という人物は、じつは奥儒者で文官でした。徳川慶勝はこの重要な江戸城請け取りを武官にやらせず、文官に軍事奉行という職名をこのときだけ与えてみごとに成功させたのです。

（「粋に楽しく 江戸ケーション」第一一七回）

第三章◆江戸の女性たち

工藤平助と娘の只野真葛

仙台藩江戸詰の藩医で経世家でもあった工藤平助（一七三四〜一八〇〇）は、田沼時代、「大智者」として人気がありました。あるとき、老中田沼意次《たぬまおきつぐ》の側近役人と工藤平助とのあいだに、次のようなやり取りがありました。

側近「我が主人（田沼意次）は富にも禄《ろく》にも官位にも不足はない。このうえは後世に名が残るような政策をしたいが、どのような政策がよいと思うか」

工藤「それならば、国（領土）を拡《ひろ》げることがよいでしょう」

側近「では、どうしたら領土を拡げることができるのか」

工藤「具体的に言えば、蝦夷地《えぞち》を開拓するのがよいでしょう。日本を広くした功績で、田沼老中の名は後世まで残ると思います」

そこで工藤平助は、天明三年（一七八三）、田沼意次に『赤蝦夷風説考《あかえぞふうせつこう》』を献上しました。さっそく田沼は、この工藤の献策を採用し、蝦夷地調査隊を派遣しました。その調査報告に基づいて大規模な蝦夷地開発計画が立案されたのです。

しかし天明七年、田沼が失脚したことにより、この計画は実現しませんでした。もし、この政策が実現していたなら、江戸時代の歴史は大きく変わっていたかもしれません。

工藤は、蝦夷地を開発すれば、江戸から遠い東北もにぎわうようになり、なかでも仙台は国の中心、つまり首都になるだろうと展望していたのです。

工藤は「我が日本国の都は、暑き所より寒き所へ移るかたちなり。はじめは筑紫《つくし》より大和・山城と移り、後鎌倉・江戸に栄え移り、この後はさしずめ仙台なるべし。これ疑いなし」と言い切っています。

工藤の話は、突拍子《とっぴょうし》もない話とはいえません。かつて、北海道で穫《と》れなかったお米が、今日の温暖化現象によって収穫できるようになりました。品種改良もあるのでしょうが、まさに特産地の北上化現象が起こっているのです。

このような工藤平助に関するエピソードは、平助の長女只野真葛《ただのまくず》（本名は工藤綾子《あやこ》）が書いた『むかしばなし』に記載されています。

只野真葛は女流随筆作家として著名な人物ですが、父平助の言葉に託して、時の政治に関係する記事を大胆に書いていたことは、あまり知られていません。

たとえば、田沼時代には博奕《ばくえき》の禁制が緩くなり、「人々集まりて博打《ばくち》に世を明かすこと常なり」とか、田沼時代は「人も浮気にて金廻りよかりし」ゆえ、出世のための進物《しんもつ》のやり取りがはやったなどと、当時の世相《せそう》を鋭く指摘しています。

田沼の人物像についても、人は悪くないが書を読むことが苦手で、周りに集まる人も学がない人が多いなどと、世に憚《はばか》ることなく批判していました。

さすが、工藤平助の娘です。口うるさい江戸文学界の大御所曲亭馬琴《きょくていばきん》も、真葛が女性に生まれたことを歎《なげ》き、「男たましひ」をもっている「才女」だと言います。女性はいかにあるべきか、男女同権とはいわないまでも、真葛は男に負けぬ「女の本（手本）にならん」と願う女丈夫だったのです。

（「粋に楽しく 江戸ケーション」第一〇九回）

伊能忠敬の妻たち

伊能忠敬《いのうただたか》（一七四五～一八一八）は、日本全国の沿岸を測量し、驚異的な正確さの日本沿岸地図を作成しました。正しくは「大日本沿海輿地《よち》全図」といい、没後三年（一八二一）に完成しました。

彼は生涯でミチ（達）・妙諦《みょうてい》・ノブ（信）・エイ（栄）の四人の妻がいました。ただし妙諦とエイは内妻です。

まず最初の妻のミチ（一七四一～八三）は、下総国《しもうさのくに》香取郡佐原（千葉県香取市）の旧家で豪商伊能家の一人娘。忠敬はその入婿《いりむこ》となったのです。ミチは当時二二歳、忠敬は一八歳でした。

ミチは四つ年上の姉さん女房、旧家を維持・発展させようと努力するしっかり者でした。

一方、四つ年下ですが、忠敬はすでに数学や医学を学んでいたことや、林大学頭《はやしだいがくのかみ》の門人となっているというプライドがあり、ミチに対してしばしば叱ることがあったようです。

二人のあいだには一男二女の子がおり、安永七年（一七七八）には夫婦連れだって奥州松島に旅行していきます。その五年後にミチは亡くなりました。

二番目の妻は俗名が不詳のため、法名の妙諦（一七六四～九〇）と仮に呼称することにします。実家は伊能家の番頭《ばんとう》筋の家で、柏木乙右衛門幸七の娘。忠敬とのあいだに二男一女をもうけました。妙諦は寛政二年（一七九〇）、二七歳の若さで死去しましたが、忠敬と柏木家とはその後も親交が続いています。

三番目は仙台藩の江戸詰医師桑原隆朝《くわばらたかとも》の娘のノブ（？～一七九五）です。ノブとのあいだに男子が生まれていますが、ノブは病弱で結婚わずか五年で死別しました。しかしノブを正妻に迎え、桑原家と姻戚関係を結んだことは、忠敬の日本全国測量という一大事業を実現するのに大きな力となりました。

妻ノブが亡くなる前年に隠居を認められ、家督《かとく》を景敬《かげたか》に譲った忠敬は、ノブ没後すぐに江戸に出ました。そして、幕府天文方の高橋至時《たかはしよしとき》の弟子になり、壮大な計画をもつ忠敬の第二の人生がはじまりました。その際、娘ノブを喪《うしな》ったにもかかわらず、父の隆朝は忠敬のよき理解者であり、後援者でもありました。

なお、その隆朝の姉（妹か）は、じつはかの工藤平助（一七三四～一八〇〇）の妻になった人です。つまり工藤平助の妻の姪《めい》が、伊能忠敬の三番目の妻ノブということはあまり知られていません。

四番目の妻エイを迎えたのは寛政一〇年、忠敬五四歳のときです。江戸に出て天文学を勉強していた最中で、結婚して二年後には第一次測量がはじまります。

エイは出自も生没年も不詳です。ただし、彼女が優れた才女であったことは、忠敬の師匠である高橋至時が同じ天文方の間重富《はざましげとみ》に送った手紙を見ればよくわかります。

すなわち、

忠敬の妻は大変な才女。漢文の素読《そどく》を好み四書五経《ししょごきょう》の白文《はくぶん》をすらすらと読む。算術も出来るし、絵も上手だ。天体観測機の目盛りも見事に読むし、忠敬は妻のこうした助力を得て次々と絵図を製作している。彼は何と幸せ者よ

と記しています。エイは忠敬が七四歳で死去するまでの二〇年間、彼の第二の人生を身近で支えつづけていたのです。

以上のように、バトンリレーのごとく一人ひとりの妻たちが忠敬の第二の人生に集約していく力を与えていたと思われます。彼は妻たちに恵まれていたといってよいでしょう。

（「粋に楽しく 江戸ケーション」第一一四回）

江戸の婚礼と「石打ち」

お江戸日本橋瀬戸物町《せとものちょう》の三代目伊勢屋伊兵衛（髙津幸通《たかつゆきみち》、現在の「にんべん」）の日記には、興味深いことがさまざま記されています。

たとえば「石打ち」という風習です。日記の筆者幸通は、元文二年（一七三七）一一月に、二代目当主であった兄佐敬の婚礼について、

小田原町より荷物十九荷甚《はなは》だ花麗《かれい》、茲《これ》に因《よ》り婚礼の夜、石打ち夥《おびただ》し

と記しています。

兄の嫁は、同じ日本橋エリアの小田原町一丁目の尾張屋治郎兵衛の妹です。距離的にそれほど離れていない家同士、大八車《だいはちぐるま》で「花麗」な嫁入り道具が一九荷も運び込まれました。そのため婚礼の夜には、たくさんの石打ちが行われました。

民俗学辞典などによると、「石打ち」とは、婚礼の家に近隣の人や若者仲間などが石を投げつける風習で各地にみられるとあり、絆《きずな》を石で打ち固めるめでたい行事で、「石の祝い」とも称しました。

こうした地方の風習が江戸移住の人びとによって伝えられ、江戸の風俗行事として定着してい

たことは注目すべきこととといえましょう。

享保九年（一七二四）の江戸町触《まちぶれ》に、

町方にて婚礼の砌《みぎり》、石を打ち、戸障子などまで打ち破る理不尽の仕形《しがた》これある由あい聞こえ、不届きに候

結婚式に新婦が衣装替えを行うことを江戸時代も「お色直し」といった。結婚式を華やかに挙行したいと思う気持ちはいつの時代もかわらない。歌川国芳画「婚礼色直し之図」和泉屋市兵衛刊、国立国会図書館蔵

とあり、今後は建具の破壊に及ぶような理不尽な所業を固く禁じ、こうした不届き者がいたらただちに捕らえよと令しています。

ただし、この町触は、石打ちの行事そのものを禁じてはいません。

石打ちは、一般的に

は、婚礼の家の了解のもとに行われる祝意を表すパフォーマンスでした。

したがって、あらかじめ手順などを承知していた親類縁者が先頭に立つことが多かったようです。江戸川柳に、

石打ちの先達《せんだつ》にくる又従兄弟《またいとこ》

という句があります。

兄佐敬の婚礼の際には、理不尽なものではなく、手厚い祝意に包まれた石打ちであったと思われます。佐敬は数え二六歳、新妻るんは一五歳でした。

では弟で、日記の筆者の幸通の場合はどうだったのでしょうか。日記だけでなく、彼が先人の業績をまとめた『追遠訓《ついおんくん》』も参照しましょう。

彼の婚礼は、延享四年（一七四七）一一月二三日。嫁は本所四ツ目の小松屋与兵衛の娘ため、仲人《なこうど》は店の支配人の源兵衛という人で、幸通の生涯の恩人です。

まず婚礼に先立って、
同月一二日に、「結納《ゆいのう》」の儀があり、「するめ二連、小樽酒《こたるざけ》二升、帯代金五百疋《ひき》(金一両一分)」を贈りました。そして、

二二日夜に、嫁入り道具が運び込まれ、
翌二三日夜に、婚礼、今回は石打ちの行事はありませんでした。
二五日には、嫁の「近隣巡り」
二七日に、「長屋」の衆を招宴
二九日、「組中」招宴
一二月朔日《ついたち》、「町の家守衆」招宴
二日、「近隣」の衆招宴

と、祝宴が続きました。婿にとっても嫁にとっても、たいへん重労働な日々だったことでしょう。幸通はいろいろ事情があって三三歳の晩婚、これに対して新妻ためは一五歳でした。祝言の行事には町内・近隣に配慮したものが目立ちます。この商家がふだんから地域の人びとを大切にしていた証《あかし》といえましょう。

（「粋に楽しく 江戸ケーション」第一三二回）

女性も子どもも吉原見物

江戸の商家伊勢屋伊兵衛の二代目当主佐敬は、元文四年（一七三九）に最愛の妻を亡くし、さらに跡を継ぐべき二人の息子も、次々に早世《そうせい》しました。この不幸続きにショックを受けた彼は、寛延二年（一七四九）に没するまで、病魔とたたかう身となります。

彼の弟幸通《ゆきみち》は、そんな兄を助けて家業に励み、彼の死と同時に、はからずも三代目当主となり、経営のV字回復どころか、さらに商売を発展させ、江戸豪商への道を確かなものにしました。

さて、この三代目当主の商家の暮らしぶりはどんなものだったのでしょうか。

立身出世物語によくみる質素倹約、爪に火をともすような勤倹貯蓄の生活とは、およそほど遠い、物見遊山《ものみゆさん》を楽しむ日常でした。

もっとも物見遊山の多くは、得意先を接待するという商売関係のものですが、純粋に家族や親族のみで行楽地や吉原見物に出かけることもしばしばありました。

なかでも注目すべきは、男性のみならず、女性や子どもも吉原見物に出かけている事実です。三代目当主の幸通の日記によれば、宝暦二年（一七五二）四月四日に、「おため、三囲《みめぐり》・秋葉、吉原見物」とあります。おためは当主の妻です。一行はこの日、屋根船（大人数ならば屋形船）をチャーターして、昼間は隅田川沿岸の風光明媚《ふうこうめいび》な寺社めぐり（三囲稲荷や秋葉社など）、夜は観光名所として評判になった吉原仲之町《なかのちょう》の夜桜見物にみんなで繰り込んだのでしょう。

満開の桜だけを植樹するのは新吉原名物のおもてなしであった。歌川広重画『東都三拾六景　吉原仲之町』国立国会図書館蔵

若くして落命した名妓玉菊の追善としてはじまった玉菊燈籠と呼ばれる新吉原の年中行事を描いたもの。十返舎一九作・喜多川歌麿画『青楼絵抄年中行事』上巻、享和４年（1804）国立国会図書館蔵

吉原では、染井村など近郊の植木屋から二月末に、まだつぼみの桜の植木をレンタルして並べ、夜桜見物用の並木をつくりました。

江戸中期からはじまったこの新行事は、市川團十郎の助六《すけろく》の舞台で桜を飾ったのが、そもそもの切っ掛けという説があります。舞台上での仮の景色が、現地吉原で実際に見られるのですから、歌舞伎ファンにとっては半端でない絶景だったことでしょう。

次いで宝暦四年七月八日には、「おため・おもん、油屋（五兵衛）の娘二人、清兵衛、おかめ・米屋の母等上下十四人、燈籠《とうろう》見物、寅刻《とらのこく》帰る」と記しています。

当主の妻おため（二四歳）とその長女おもん（五歳）、そのほか日ごろから親交のあった商家の家族（主として女性）、それに付き添いの奉公人ら一四名にものぼる大きな一行でした。

したがって、同じ燈籠見物でも吉原の燈籠見物以外、考えられません。ましてや深夜の四時ごろ、今でいえば翌日の明け方に帰宅しています。さすが不夜城《ふやじょう》吉原ならではの見物です。

仲之町の茶屋ごとに趣向を凝らした作り燈籠を出し、これが美麗を尽くして星のごとく輝いたといいますから、燈籠見物の客は、夜の涼風を受けながらライトアップ吉原を満喫したようです。

遊女玉菊の亡霊を弔う燈籠説など、そのはじまりは諸説あります。しかし、江戸中期以降の新しい行事であることは、夜桜見物と同様です。

その背景には、繁栄を深川に奪われつつあった吉原の景気挽回案《ばんかい》がありました。家族ぐるみで参加できる観光名所「お江戸吉原ミッドナイトパーク」は、空前のにぎわいを現出しました。

（「粋に楽しく江戸ケーション」第一三四回）

葛飾北斎の娘お栄

「偉人の陰に女あり」というと、俗な色っぽい話のように聞こえますが、今回は功成《こうな》り名を遂げた人の陰に女性の内助《ないじょ》の功があった、という話です。

江戸時代後期に、江戸で活躍した女流浮世絵師がいました。本名はお栄《えい》、画号は葛飾応為《かつしかおうい》といいます。かの有名な葛飾北斎の三番目の娘です。

応為という画号は「お～いお茶」というコマーシャルではありませんが、日ごろから父の北斎が彼女を「お～い、お～い」と呼ぶので応為と号したとか、それとは反対に、応為が北斎を「オーイ、オーイ、親父ドノ」と呼んでいたことからなど諸説があります。当時、北斎は「為一《いいっ》」と称していたので、「為」という一字を画号に含めたともいわれています。

父北斎の勧めがあってか、お栄は絵師堤等琳《つつみとうりん》の門人南沢等明《みなみざわとうめい》と結婚しました。

しかし結婚まで北斎のもとで成長したお栄は、見よう見まねで、すでに相当な画の力量を有していたとみえ、夫の等明の画を評価せず、しばしば口論になったのでしょう。離婚して独居中の父北斎のもとに戻り、北斎が没するまでその世話をしました。

しかし、炊事・洗濯・掃除といった家事の世話というより、父を師として画業に励み、ときには北斎の代作をしていたのではないか、ともいわれています。

露木孔彰《つゆきこうしょう》という絵師が、本所亀沢町の借宅で、北斎とお栄の二人が暮らしている様子を描いて

表通りの暗闇とまばゆいばかりの茶屋の灯火との陰影のコントラストが印象的な夜の吉原を描いた作品。絵師のただならぬ力量を感じさせる傑作。葛飾応為『吉原格子先之図』太田記念美術館蔵

います。それによると、寒がりやの北斎が肩に蒲団《ふとん》を掛け、絵筆を取っている姿と、煙管《きせる》を片手に父を眺めているお栄の姿が描かれています。

二人とも整理整頓が苦手だったようで、一畳分の板敷きは、物置だかゴミ溜《た》めだかわからぬ、ごちゃごちゃの状態でした。

ここに描かれたお栄が、今日残された唯一の肖像画で、顔はそれほど美人ではありませんでした。

応為が描いたとされる作品は、世界中でわずか十数点しか確認されておらず、彼女の絵師としての実力は断片的にしかわかりません。

しかし、北斎自身が、肉筆の美人画については娘の応為にはかなわない、と述べたとされているように、相当な力量だったと思われ

ます。

当時の浮世絵師渓斎英泉《けいさいえいせん》も応為について、「画ヲ善《よく》ス、父ニ随テ今専ラ画師ヲナス、名手ナリ」（『無名翁随筆』）と絶賛しています。

代表作は陰影を巧みに表現した『吉原格子先之図《よしわらこうしさきのず》』『夜桜美人図』などがあり、ほかにも『三曲合奏図』『月下砧《きぬた》打ち美人図』などもありました。さらに『女重宝記《おんなちょうほうき》』という挿絵版画も制作しています。

しかし応為については、寛政（一七八九～一八〇一）ごろに生まれ、安政～慶応期（一八五四～六八）に死去したと推定されるなど、生没年が定かではありません。

このように謎が多い女性ですが、葛飾北斎を語るには、娘の応為ことお栄の存在を無視することはできないでしょう。

（「粋に楽しく 江戸ケーション」第一一五回）

第四章 ◈ 日々の暮らし

江戸の髪結床

江戸の髪結床《かみゆいどこ》（略して床屋ともいう）は、月代《さかやき》や髭《ひげ》を剃《そ》り、髪を結い上げる職業です。

月代とは、男の額の髪を頭の中央にかけて半月状に剃り落としたもので、ここを定期的に剃っておかないと、時代劇でお馴染《なじ》みの落ちぶれた浪人の頭髪スタイルになってしまいます。

現在の理髪店（ヘアーサロン）通いは、普通一か月に一回程度ですが、江戸時代は二、三日に一度、長くても四、五日に一度は床屋のお世話になりました。

こうした需要に応えるべく、江戸にはたくさんの髪結床がありました。幕末の嘉永四年（一八五一）の髪結仲間株は一〇一七人、その他、仲間外が多数いました。

髪結床には出床《でどこ》と内床《うちどこ》の二種類があり、出床は町の境目、木戸際、橋詰などの空き地に間口六尺（約一・八メートル）、奥行き九尺（約二・七メートル）ほどの床店《とこみせ》を出していました。

一方、内床は町内に店を構えている者で、規模がやや大きく、下職《したじょく》の職人や弟子を抱えているケースがありました。一般に髪結賃は二八文（幕末になると三二文）でした。

髪結仲間の株は三〇〇両から場所によっては一〇〇〇両で売買されたといい、江戸では結構な商売でした。

町内の人びとが頻繁に利用する髪結床です。町の社交場の役割を果たすとともに、世間の噂《うわさ》話《ばなし》を交換する情報交流の場でもありました。とくに世話好きな床屋の主人の場合は、町内のもめごと、お祭りの相談、就職のこと、結婚・離婚の話、なんでも世話をやいて床屋の主人が中心になって結着をみる次第でした。

流行の弁慶縞の前掛けをつけた女性が、花魁の髪を結い上げている。本図は髪結床ではないが、髪を結う様子をよくとらえている。歌川豊国画「春雨豊夕栄」安政2年（1855）国立国会図書館蔵

そうした床屋の主人の口利きで、その後の人生を決定づけられた人がいます。上野の西郷隆盛の銅像を製作したことで知られる彫刻家の高村光雲《たかむらこううん》（一八五二～一九三四）です。

高村光雲著『幕末維新

懐古談』によりますと、下谷《したや》生まれの彼は一二歳のとき、親戚の大工の家に奉公に出ることになりました。その前日、身なりを整えるため町内の安床《やすどこ》という床屋に行きました。

主人の安さんに大工の家へ奉公に行くことを話すと、安さんはふと何かを思い出したように、「惜しいことをした」と言いました。

「実は有名な彫刻家の高村東雲《とううん》という方が先日久しぶりにおいでなすって、『安さん、一人好《い》い弟子を欲しいんだが、心当りはあるまいか、一つ世話をしてくれないか』と頼んで行ったんだ。俺は今、お前の話を聞いて、その事を思い出したんだ」と言うんです。

「大工さんの所へ明日行くことに決まってるというが、それはどうにかならないかい。大工になるのも好いが、彫刻師になる方がお前の行く末のためにはドンナに好いか知れない」と安さんが勧めてくれました。

光雲はその気になり、父親の承諾を得て、その翌日（文久三年〈一八六三〉三月一〇日）、安さんに連れられて、東雲師匠のもとに行き、奉公することになりました。

彼は一生懸命修業を積んで大彫刻家になったのはご存じのとおりです。

高村光雲はのちに「私の一生の運命がマアこの安さんの口入れで決まったようなことになったのです。で、私に取ってはこの安さんは一生忘られない人の一人であります」と述懐しています。

江戸の髪結床は単に髪を結うところではなく、人と人との心を通わす人情あふれる場所でもありました。

（「粋に楽しく 江戸ケーション」第五六回）

江戸の銭湯

お正月には、新しい年を迎え、初日の出・初詣《はつもうで》・初荷・初湯など、「初」の字のつく行事・習慣が多くあります。なかでも初湯は、たいへん気持ちのよいものでした。

東京の銭湯は、元日は休みで、二日が初湯でした。しかし江戸の銭湯は、元日も休まず営業していました。大晦日《おおみそか》に夜遅くまでお客が入り、明け方に客が途絶えたころ古い湯を流し、新しい湯を沸かし、元日早朝から客を迎えました。

江戸の銭湯は湯屋とか、風呂屋ともいいました。銭湯の看板は『守貞謾稿《もりさだまんこう》』によれば、弓矢の形をしていました。その心は、弓で矢を射る、つまり「射入る」で発音が「湯入る」と似ているからです。

西沢一鳳《にしざわいっぽう》の『皇都午睡《みやこのひるね》』によると、江戸は風が強く、埃《ほこり》がひどいので毎日入浴する習慣があり、銭湯は大いに繁盛しました。そのうえ武家屋敷以外は豪商でも自家風呂を設けず、宿屋でも客を銭湯へ行かせました。

なぜ豪商や宿屋が自家風呂を設けなかったのか、その理由として西沢一鳳は、第一に火事を恐れたこと、第二に燃料の薪《まき》が高値であったことなどを、挙げています。

江戸には一つの町内に銭湯が必ず一軒はありました。そのため、扇湯とか大和湯といった屋号では呼ばず、その銭湯の所在する町名を上につけて、「檜物町《ひものちょう》の湯」とか「葺屋町《ふきやちょう》の湯」と呼んでいました。

江戸の銭湯の数は、文化五年（一八〇八）に湯屋十《と》組《くみ》仲間が成立したとき、男女両風呂は三七一株、男風呂は一四一株、女風呂一一株、合計五二三株でした。また『塵塚談《ちりづかばなし》』（文化一一年）には、「江戸中に六百軒余これあり」と記されています。

湯屋株は、一般には三〇〇～五〇〇両で売買されていましたが、なかには場所により一〇〇〇両を超えるという高額なものもありました。銭湯の経営がいかに魅力のあるものであったかがわかります。

銭湯は町内の一般住民はもちろんのこと大町人も利用したので、町内のほぼ全員が日々顔を合わせる社交場でした。また銭湯には、近隣の寄席《よせ》などの引札《ひきふだ》（広告ビラ）が貼ってあり、情報を得るのに便利でした。

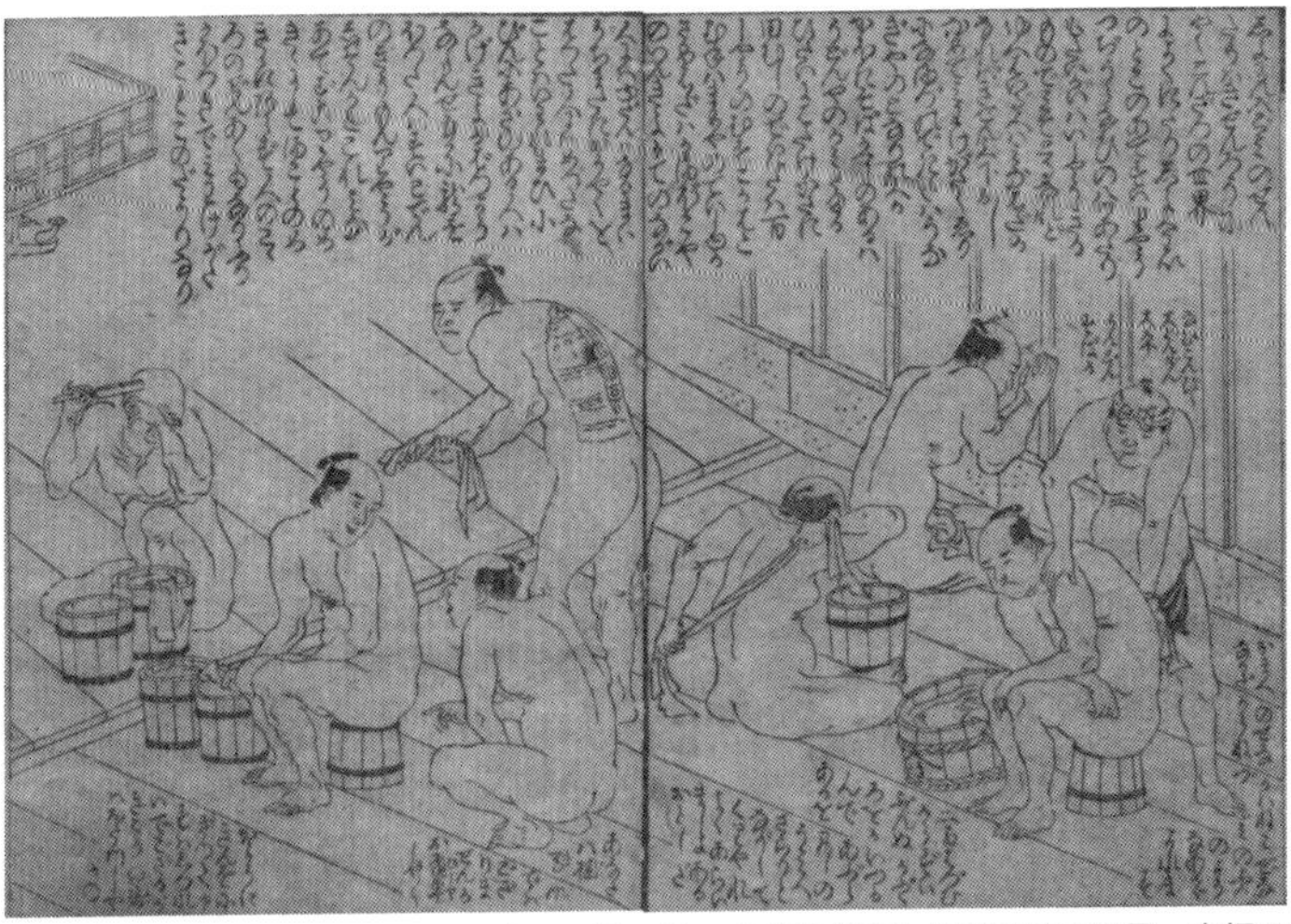

逆さにした桶を椅子がわりにして座り、思い思いの会話を楽しむ男風呂の風景。床板は水が自然と流れるように斜めになっている。山東京伝作『賢愚湊銭湯新話』享和２年（1802）国立国会図書館蔵

銭湯の料金は、若干異同がありますが、江戸後期には大人は銭八文、あるいは一〇文でした。ただし、幕末の文久二年（一八六二）には銭一二文、慶応元年（一八六五）には銭一六文と急騰しています。男湯の二階には、銭八文を出せばお茶などが飲め、くつろげる場所があり、碁盤や将棋盤も用意されていました。

武家屋敷に近い銭湯の二階は、単身赴任で江戸にやってきた地方の武士たちがもっとも安い料金で楽しめる場でした。紀州藩の勤番武士酒井《さかい》伴四《ばんし》郎《ろう》の日記によれば、しばしば銭湯に入ったのち二階で囲碁・将棋を楽しみ、ときどき同僚の勤番武士と酒肴《しゅこう》を持ち込んで宴会を開いています。

万延元年（一八六〇）一一月一一日の条《くだり》

には、銭湯の二階で同僚の勤番武士三人とともに囲碁を楽しみ、その後自分たちで酒二升と鳥鍋などを用意し、銭湯の主人を招き、二階番をしていた嫁も交え、「九つ時（夜一二時）過ぎまで予（伴四郎）が三味線《しゃみせん》を引、皆々唄い、かつ踊り、大いに騒ぎ、面白き」とあり、単身赴任の憂さを晴らしている姿が目に浮かぶようです。

このように江戸の銭湯は、裸の付き合いのなかで、情報交換したり、癒《い》やしの場ともなっていたのです。

ちなみに現代は自家風呂が普及したため、昭和四三年（一九六八）に二六八七軒あった都内の銭湯が、平成二五年（二〇一三）一二月現在、七〇三軒と激減しており、寂しいかぎりです。

（「粋に楽しく 江戸ケーション」第五七回）

銭湯の話——とくに混浴禁止令について

自家風呂がまだ普及していなかったため、戦前の東京下町の銭湯は、大いに繁盛していました。私の経験によれば、とくに大晦日《おおみそか》の夕方から深夜にかけて、引きも切らずの大混雑、浴槽はまさに芋を洗うようでした。人びとは大晦日の忙しい一日の汗を洗い流し、一年の垢《あか》を落とす。大混雑の殺気は微塵《みじん》もなく、一年を無事に過ごせた満足感にあふれていました。

明くれば新年。元旦は休業（江戸の銭湯は元旦から営業）、二日は午前中から初風呂です。客もまばらの早朝に行くと、乾き切った湯桶《ゆおけ》が三角形にたくさん積まれており、その一つを取ってタイルの床に置くと、カランという音が銭湯中に快く響きます。高い天窓からは朝日が斜めにさし込み、湯気がその光線に沿って立ちのぼる光景を、湯につかりながら眺める。年に一度の初風呂でしか味わえぬ至福の一刻《いっとき》でした。

さて江戸の銭湯（湯屋・風呂屋ともいった）は、大晦日だけでなく一年中大繁盛でした。その理由《わけ》は三つあります。

一つは、江戸の風土です。『江戸自慢』という書に、「晴天には風吹かぬ日は少なし、強く吹く日は土煙《つちけむり》空に漲《みなぎ》り、衣服・足袋《たび》を汚し、眼を明けて往来なりがたし」とあり、逆に「雨天には泥中《でいちゅう》を歩むに異ならず」という江戸の町。江戸の人は銭湯好きにならざるを得なかったのです。

もちろん狭い長屋に自家風呂のスペースなどありませんから、いずれにせよ江戸の町に銭湯は欠かせぬ存在でした。

二つ目の理由は、過密都市江戸では、ひとたび火災が起きると、たちまち大火になりました。だからどこの家でも火元の疑いをかけられたくない。そこで江戸の人たちは、どんな大店《おおだな》（大金持ち）でも自家風呂をもたぬ傾向にありました。

三つ目の理由は、江戸では燃料費（薪代《まきだい》）が非常に高かったので、銭湯を利用するほうがずっと割安だったのです。

江戸の銭湯史上、注目されるのが寛政三年（一七九一）の男女混浴禁止令です。もちろん、みだらな風俗を糺《ただ》すためです。

この町触《まちぶれ》をめぐって、江戸の銭湯はそれまですべて混浴だったと誤解している人が多いようです。しかし江戸の都心の銭湯の多くは、それよりずっと以前から男湯と女湯とにきちんと分けて営業していました。江戸の都市秩序がそんなにルーズなわけはありません。

この町触をよく読むと、「町中男女入込湯の場所これあり、右は大方《おおかた》、場末の町々」とあり、ほとんどが混浴であった場末の銭湯を対象にしたお触れでした。当時は混浴のことを「入込」と書き、『守貞謾稿《もりさだまんこう》』によれば、これを「イリゴミ」と読んだそうです。

もちろん都心にも混浴の銭湯が若干はありましたが、この町触の真の目的は、秩序が乱れがちな場末に対する政策の一環として理解すべきでしょう。

（「粋に楽しく 江戸ケーション」第六八回）

加賀鳶は江戸の花

三月一四日（一九九七年）に北陸新幹線が開業しました。従来、東京～金沢間は四時間近くもかかっていましたが、新幹線開通のおかげで二時間半になりました。東京と金沢がぐっと近づいた感じです。

そういえば江戸時代、江戸と金沢は、旅の時間はかかりましたが、なんといっても加賀は百万石の大大名。江戸に大きな藩邸を構えていたせいか、江戸市民に身近な存在でした。

江戸～金沢間の距離は一二〇里（約四八〇キロ）です。参勤交代の際、北国《ほっこく》街道から信州追分《おいわけ》宿で中山道に合流し板橋宿に至る加賀藩の大名行列の所要日数は、平均して一二泊一三日でした。一日に約三七キロという速度です。当時の人は、なかなかの健脚家でした。

加賀の殿様の行列は、ほかの大名に比べて規模が大きく、二〇〇〇人から三〇〇〇人にも及ぶ豪華なものでした。

江戸の加賀藩邸は、元禄以降幕末まで、次の四邸でした。深川の蔵屋敷を除けば、あとの三邸は板橋宿から江戸入りする中山道沿いにあり、参勤交代に利便な場所にありました。

上《かみ》屋敷（本郷）　一〇万三八二二坪
中《なか》屋敷（駒込）　二万　六六〇坪
下《しも》屋敷（平尾）　二一万七九三五坪

蔵屋敷（深川）　　　二六六八坪

右のうち上屋敷は、ご存じのとおり現在の東京大学のある地域です。この一〇万坪の屋敷には、常時三〇〇〇人ほどの江戸詰家臣らが生活していました。寛政一〇年（一七九八）には、加賀藩邸全体で二八二四人、このほか二〇〇人を超える奥女中が奥御殿や御守殿《ごしゅでん》に居住していました（江戸遺跡研究会編『江戸の大名屋敷』参照）。

将軍の息女を嫁に迎えると、そのための御殿《ごてん》（御守殿という）と御守殿門を新造しました。文政一一年（一八二八）に将軍家斉《いえなり》の息女溶姫を迎えた際に造られた御守殿門が、現存のあの東大の赤門（重要文化財）です。

なお加賀の産物である加賀絹、加賀羽二重《はぶたえ》をはじめ、いろいろな商品が江戸市民にもてはやされましたが、江戸でもっとも存在感を示したのが加賀鳶《かがとび》です。

加賀鳶とは、加賀藩邸に召し抱えられた消防組織の火消人足のことです。自邸はもちろんのこと、周辺の町々の消火に備え、さらに湯島の聖堂の消火にも出動しました。

『絵本江戸風俗往来』によると、その出立《いでたち》は、五尺（約一五〇センチ）ほどの鳶口をもち、「雲に大稲妻の色刺し袢纏《ばんてん》に、鼠色《ねずみいろ》の革羽織を着し」、髪の型は「加賀鳶髷《まげ》」といってたいへん目立つ格好のよさ、しかも歩く姿は「六方振り」というから、歌舞伎の弁慶を思わせるような勇み歩きでした。

しかも加賀鳶に採用される者は、身長六尺三寸（約一九〇センチ）以上の大男で、「顔色たくましく、力量《ちから》すぐれし者を選びて鳶とす」とありますから、江戸っ子があこがれるのも無理からぬことでした。

毎年正月には出初《でぞめ》の式が行われ、本邸周辺の町にて曲乗《きょくのり》のみごとな芸を披露しました。「これまた無頼《ぶらい》の上手、江戸正月の花にぞありける」と絶賛されました。

こうして男を磨く、競《きお》いの連中だけに、江戸の町火消との喧嘩《けんか》をしばしば起こしました。明治に入ってからの作品ですが、こうした喧嘩を題材にした『盲長屋梅加賀鳶《めくらながやうめがかがとび》』といった歌舞伎が人気を博しました。

（「粋に楽しく 江戸ケーション」第七二回）

江戸の商家の次男坊

江戸時代は、個人よりも家を大切にする時代でした。武家には、家督《かとく》を継ぐ者がいなければ「お家断絶」という厳しい掟《おきて》がありました。商家も跡取りがいなければ、店名が人手に渡るとか、店《みせ》仕舞《じま》いをするなどのリスクを、絶えず背負っていました。そんな折、婿《むこ》や養子を迎えて家の存続を図ることは、決して珍しいことではありませんでした。

一方、家督を継がなかった商家の次男坊・三男坊らが、婿や養子に行く有力な供給源になりました。しかも、幼いころから一家の主《あるじ》となるべき教育を受けた長男と異なり、次男以下は周囲のプレッシャーも少ない気軽さから、遊びの機会も多く、ものの考え方に、枠にはとらわれぬ自由さや大らかさが育《はぐく》まれました。

そうした利点が発揮されたせいか、次男・三男が婿入りした商家が、にわかに繁盛するようになったというケースが、しばしば見受けられました。

江戸日本橋の商家伊勢屋伊兵衛家は、享保九年（一七二四）に初代佐幸が病床に臥《ふ》したので、長男の佐敬が二代目当主となりました。次男の幸通は新当主の二歳年下の弟で、兄の手助けをしていましたが、しょせんは居候《いそうろう》の〝次男坊〟。いずれ家を離れる運命《さだめ》にありました。

享保一三年初午《はつうま》の日に、彼は一五歳で元服《げんぷく》します（すでに一三歳の初午の日にも半元服の儀を行っている）が、それを待ちかねたかのように養子の話が持ち上がりました。

初代が生まれた伊勢四日市の実家で六人もいた子どもが次々と早世《そうせい》してしまい、跡取りがいなくなったので、ぜひ彼を養子にもらいたいというのです。これは伊勢屋にとっても重大事です。初代の実家を潰すなんてことはできませんから。

しかし、彼はこの話を断っています。兄の商売をもう少し支えたいという思いがあったのでしょう。その代わり、三男である義弟（初代の後妻の子）が伊勢の実家の養子となることに決まりました。

やがて兄である二代当主が、元文二年（一七三七）に結婚すると、次男坊たる彼を婿に出す話がいっそうやかましくなります。

翌三年二月、その決定打ともいうべき話が彼の著『追遠訓《ついおんくん》』に記されています。すなわち伊勢屋の後見人という重い立場の人からの話として、「西宮甚左衛門は（日本橋）小田原町の豪富にして、娘はなはだ絶美（絶世の美女）なり、汝《なんじ》を婿に求む」とあります。

江戸城の納魚御用を勤める魚河岸の豪商で、婿入りの相手の女性は超美人というのですから非の打ちどころのない話。義母も兄も大賛成で、近日中に結納《ゆいのう》を遣わす段取りまで進めるとのことでした。

これに対する彼の答えは、案に相違して「ノー」でした。その理由は明快です。

近年わが家の商いは少なく、逆に費用はかさみ、初代が折角《せっかく》築いた財産を食いつぶしつつある。願わくばあと一〇年、兄を助けてV字回復を遂げ、せめてわが家の借地を購入するまでに発展したら、その後はどんな貧しい家から養子の話がきても断ることはしない最後の締めくくりの文は泣かせますね。次男坊ながら自己を犠牲にしてまでお家存続を願う思いが強くにじみ出ています。

（「粋に楽しく 江戸ケーション」第一三三回）

湯島の豪商、津軽屋三右衛門

江戸の学問を支えたのは武家だけでなく、裕福な商人たちでした。国学・漢学の考証学者として名高い狩谷《かりや》棭斎《えきさい》（一七七五〜一八三五）は、湯島一丁目で米屋を営む江戸有数の豪商でした。『文政町方書上《かきあげ》』によれば、先祖は三河国刈谷の出身で、狩谷氏を名乗っていました。寛永年中（一六二四〜四四）に江戸神田須田町に移住し、四代そこに住んでいましたが、正徳元年（一七一一）に湯島一丁目に土地を購入し、「其《その》節より居付家持にて津軽越中守《えつちゆうのかみ》え年来御出入り仕り、蔵元《くらもと》相勤」める、という家柄でした。

津軽屋という屋号は、いつのころかわかりませんが、津軽藩お出入り商人になってからのことでしょう。津軽屋は、津軽藩の江戸払米を一手に引き受ける蔵元を務めるほか、地廻り米穀問屋と脇店八か所米屋（米仲買《なかがい》）を兼ねるなど、江戸米穀市場に大きな地位を占めていました。津軽藩の財政史料によれば、江戸後期に藩の借金は九万両余にのぼりましたが、そのうち津軽屋からの借金が一万五〇〇〇両もあり、全体の一七パーセントを占めています。

天明七年（一七八七）の江戸の大打ちこわしの際、津軽藩の殿様は、打ちこわしを防ぐため、多数の足軽を津軽屋に派遣しました。藩と津軽屋との緊密な関係がおわかりでしょう。

津軽屋は、早くから幕府との関係も親密で、延享元年（一七四四）には米価引き上げ策に協力し、二〇〇〇石の買米を請け負っています。さらに明和六年（一七六九）には、六名の江戸豪商のひとりとして、幕府の公金を五〇〇両預かり、以後年々一割の利足を幕府に納めています。このほか、幕府財政支援のために、文化四年（一八〇七）に一〇〇〇両、嘉永七年（一八五四）に五〇〇両の御用金を上納するなど、津軽屋は幕府の信用も絶大であり、押しも押されもしない江戸一流の豪商でした。

この津軽屋に寛政一一年（一七九九）、親戚筋から養子に入った一二代当主が、考証学者として著名な狩谷棭斎です。家督を譲るまでの一六年間は、学問と商売を両立させていましたが、長男に家督を譲った文化一二年以降は、本格的な学究生活に入り、数々の名著を残しました。

植木屋に扮《ふん》して江戸城に潜入し、植え込みの陰から紅葉山《もみじやま》文庫（幕府の御文庫蔵）の本の虫干《むしぼし》を観察したという逸話が残されています。彼の書籍への執念がうかがえます。

同時代の学者足代弘訓《あじろひろのり》は、「書物には少しも吝嗇《りんしょく》無く、よくよく大金を出し候て、索《もと》め出《いだ》し候珍書を、誰にも誰にも貸し与え候一事は、さすがに学者と、世に称誉仕《つかまつ》り候」と、狩谷棭斎を激賞しています。

さすが大金持ち、セコセコしていません。金に糸目をつけることなく、研究資料として、高価な善本・珍書や古器物を蒐集《しゅうしゅう》し、それを誰にでも惜しむことなく貸し与えたそうです。

（「粋に楽しく 江戸ケーション」第八八回）

江戸の広告コピー集『ひろふ神』

現代はまさに情報化時代。毎朝、新聞とともに配達される大量の折り込み広告のチラシもその一環です。

マンションなど不動産の広告をはじめ、宅配寿司・ピザの新規開店や、スーパーの食料品の安売り広告など、その種類はさまざまです。

こうした宣伝チラシの配布は、なにも現代や近代にはじまったことではなく、すでに江戸時代中期以降盛んにみられました。広告のチラシのことを、当時は「引札《ひきふだ》」といって、多くは粗末な一枚摺物《いちまいずりもの》でした。内容は新規開店や新商品の売り出し、あるいは安売りの広告です。すでにコピーライターがいて、名文の広告コピーを競っていました。しかし、しょせんは広告のチラシ。消費者は一回読めば捨てて紙くずにしてしまいます。

そこで寛政六年（一七九四）新春のこと、せっかくの名コピーを捨てずに拾い集めた茶表紙の小冊子が、『ひろふ神』と題して刊行されました。書名の意味は、「捨てる紙あれば拾う紙（神）」とのこと、その序文に記されています。我が国最初の広告コピー集です。

版元（出版社）は、本石町《ほんごくちよう》四丁目大横町《おおよこちよう》の堀野屋仁兵衛。所収のコピー文は一五例で、山東京《さんとうきよう》伝《でん》と本膳亭坪平《ほんぜんていつぼひら》の二人の作、いずれも寛政四年と五年に書いたものです。

山東京伝は言わずと知れた黄表紙・洒落本《しやれぼん》作家の第一人者ですが、当時評判の名コピーライターでもありました。もう一人の本膳亭坪平は、本町に住していた黄表紙・洒落本の戯作者《げさくしや》で、山東京伝の門人と伝えられる人です。

たとえば、山東京伝が記した日本橋通一丁目木原店《きわらだな》の煎餅屋《せんべいや》喜久屋栄蔵の新商品の売り出し広告文は、次のとおりです（読みやすいように改めました）。

東西々々、高うは差し上げ申さず、売り始めのご披露申し上げ奉《たてまつ》り候、先ず以《もっ》て私儀、粗製の煎餅仕《つかまつ》り候処、お取り立てを以て繁昌《はんじょう》仕り、有り難き仕合《しあわせ》に存じ奉り候、然《しか》る所このたび、何かな珍しき新製差し上げ奉りたく、（中略）新しく寿の字焼きと焼き直し、風味第一に製し、砂糖をたんと入れ、生得の甘いをおまけに、きれいなることあたかも難波屋《なにわや》（おきた）・高島屋（おひさ）のごとく、ご評判もことごとく末々日ましに永当《えいとう》々々お求めにお出での程を角《すみ》から角までずいと希《こいねが》い奉り候、以上

去るご贔屓《ひいき》より

賑《にぎ》わしく買い手は見世《みせ》へ木原店良い評判を喜久屋栄蔵

芝居の口上風に「東西々々」ではじまり、「角から角までずいと希い奉り候」で締めています。当時、江戸で評判の美人を入れ込み、最後は自作の狂歌を「去るご贔屓」の作とする粋な仕掛けがみごとです。

寛政期に広告コピー文例集である『ひろふ神』が出版されたことは、広告宣伝がいかに大切かを示しており、情報化時代の本格的な幕開けといってもよいでしょう。

もっとも、宣伝が盛んということは必ずしも好景気を意味していません。むしろ江戸中期以降は、低成長時代あるいは不況時代なればこそ、販売競争に打ち勝つための宣伝が必要でした。

この現象は、今も昔も変わりませんね。

（「粋に楽しく 江戸ケーション」第九〇回）

京伝が愛用した机の供養碑

浅草寺《せんそうじ》の境内《けいだい》には、扇塚碑や針供養碑などさまざまな供養碑が建っています。なかでもユニークなのは、山東京伝《さんとうきょうでん》が愛用した机の供養碑「山東京伝机塚碑」です。

この碑は、京伝が没した文化一三年（一八一六）の翌年に、弟の山東京山が建てたもので、総高一七四センチ、真鶴《まなづる》（神奈川県）産の石で造られました。この碑の下に京伝愛用の机が埋められたのです。

山東京伝は、言うまでもなく江戸の代表的な作家として知られています。彼は宝暦一一年（一七六一）に深川木場の伊勢屋という質屋に生まれました。

本名は岩瀬醒《いわせさむる》といい、通称を京屋伝蔵といって、京橋の近くで煙管《きせる》や煙草入れを売る小間物屋を営んでいました。号を山東庵といいました。

若いときに浮世絵を北尾《きたお》重政《しげまさ》に学び、北尾政演《まさのぶ》の名で挿絵などを描いていました。やがて、山東京伝（京伝とは京屋伝蔵の略称）と号して、滑稽挿絵小説である黄表紙の作者となり、一世を風靡《ふうび》しました。代表作に『御存商売物《ごぞんじのしょうばいもの》』『江戸生艶気樺焼《えどうまれうわきのかばやき》』『時代世話二挺鼓《じだいせわにちょうつづみ》』『富士人穴見物《ふじのひとあなけんぶつ》』『孔子縞于時藍染《こうしじまときにあいぞめ》』などがあります。

しかし、彼の本領が遺憾なく発揮されたのは、遊里を題材とした短編風俗小説である洒落本《しゃれぼん》の世界でした。

遊里通いの豊かな体験を裏付けに、その鋭い観察力で、写実的に遊里を描写した数々の作品により、彼は洒落本作家の第一人者となりました。代表作に『仕懸文庫《しかけぶんこ》』『錦之裏《にしきのうら》』『娼妓絹籭《しょうぎきぬぶるい》』の三部作があります。

碑の表面に刻まれた京山の「書案之紀」によれば、この机は、兄の京伝が九歳で寺子屋に入門したとき、親から与えられた簡素なもので、以後五六歳で死去するまで生涯愛用し続けたとあります。

そして、京伝がその机に寄せて詠んだ狂歌が印象的です。

耳もそこね 足もくじけて
もろともに 世にふる《（経）》机

なれ《（汝）》も老いたり

彼の多数の著書は、みなこの机で書いたものです。京伝自身も加齢により元気がなくなり、目もかすんできましたが、机も上面の端の耳の部分が壊れ、脚も折れたりと傷だらけです。「ともに人生を過ごしてきた机よ、おまえもずいぶん老いたなあ」と、古くなった机にも愛情を注ぐ京伝の人柄を偲《しの》ぶことができましょう。

兄の机を供養するために碑を建てた弟京山の心遣いもまた、温かいものがあります。

現代においては、まだ使える物なのに、すぐに新しい物に買い換えるという傾向がみられます。しかし、江戸時代は職人が精魂を込めてつくった製品には、つくり手の魂が宿っているので滅多に捨てることはなく、とことん使い込みました。これが「もったいない」の精神です。

山東京伝は、子どものときに与えられた簡素な机を大作家になったのちも使いつづけ、数々の名作を生み出しました。「一生一机」の精神で、まさに人生を一つの机とともに歩んだだけに、共に老いていく机への深い感慨がそこにうかがえます。

（「粋に楽しく 江戸ケーション」第八九回）

日本橋の旦那衆はお芝居ファン

江戸における歌舞伎の興行元は、中期以降、堺町《さかいちょう》の中村勘三郎座、葺屋町《ふきやちょう》の市村羽左衛門座、木挽町《こびきちょう》の森田《もりた》勘彌《かんや》座の三座が中心でした。これを「江戸三座」といい、あるいは「大芝居」ともいいました。

日本橋瀬戸物町《せともものちょう》の商家伊勢屋高津《たかつ》家の人びとは、大のお芝居好きだったようです。三代目当主伊兵衛の日記によれば、家督《かとく》を継いだ三年後の宝暦二年（一七五二）から病に臥《ふ》す安永四年（一七七五）までの二四年間に、芝居を見物した記事がざっと数えて七五回も記されています。

三座の内訳をみますと、中村座はだんぜん多くて三二回、次いで市村座は二四回、森田座は一一回でした（そのほか不明八回）。

ほとんどが上等席の桟敷《さじき》見物で、大衆料金の土間での見物はわずかしか見当たりません。桟敷見物となると当然、芝居茶屋を介しての見物となります。

まず茶屋の二階座敷でお茶の接待を受け、幕明《まくあけ》の柝《き》が入ると桟敷席へと案内されます。桟敷席では茶屋から運ばれる弁当などを食べながら見物、長い幕間《まくあい》では茶屋へいったん戻って休憩したり着物を着替えたりしたのち、また桟敷席へと向かいます。

夜に芝居がはねると茶屋の二階座敷でみんなで宴会をするなど、その日は一日中芝居見物と飲食を楽しみました。桟敷からの見物は相当お金がかかりました。

芝居見物の多くは、単なる娯楽というよりは、商売関係の饗応《きょうおう》の場として三座が利用されました。お得意先の業者を、個人あるいは共同で接待したり、同業者同士の結束を強めるため、お互いに芝居見物に招いたり招かれたりもしています。ただし、やはり芝居好きだったのでしょう。商売を離れて家内や親類縁者だけでお芝居を楽しんでいる例もみられます。

記事の多くは、単に「中村芝居」とか「市村桟敷」とか「森田土間」といった簡潔なものがほとんどですが、なかには「おため芝居富十郎道成寺《どうじょうじ》」（宝暦三・三・二七）といった貴重な情報を提供してくれる記事があります。『歌舞伎年表』を併読すると、その内容が鮮明になります。当主の妻おためが中村座で中村富十郎の『京鹿子娘道成寺《きょうがのこむすめどうじょうじ》』を見物したのです。正月一五日から六月一〇日まで大入《おおい》り興行でした。

また、「おため・もん市村五人男」（宝暦六・三・二一）は、おため・もん母子が中村座で曽我《そが》狂言『五人男狩場門出《ごにんおとこかりばのかどいで》』を見物しています。大谷広次《おおたにひろじ》、尾上菊五郎、佐野川市松、中村助五郎、市村亀蔵の五人男で、三月一一日から五月下旬まで大入りでした。「曽我祭」を初めて舞台で行った画期的な芝居でした。「市村桟敷四軒千本桜上下二十八人行く」（明和四・八・一六）は、明らかに市村座の桟敷席を四つ（一つ七人席）も用意した団体招待の芝居見物でした。主役の狐忠信《きつねただのぶ》は市村羽左衛門、浄瑠璃《じょうるり》は竹本《たけもと》八十太夫《やそだゆう》と浜太夫でした。

宝暦・明和・安永という年号の時代は田沼時代といって、江戸の文化が上方《かみがた》文化に追いつき追い越す転換期でした。歌舞伎の世界も同様で江戸歌舞伎に人気役者が輩出、曽我狂言の確立や斬新な演出法の創出など、上方歌舞伎を凌駕《りょうが》する地位を獲得しつつありました。その背景には江戸経済を担う旦那衆の、文化なくして経済なしという力強い支えがあったのです。

（「粋に楽しく 江戸ケーション」第一三五回）

江戸時代の改元

間もなく「平成」という元号（年号）が変わります。元号が変わることを改元といいます。維新以降、明治・大正・昭和と改元されましたが、これは「一世一元《いっせいいちげん》の制」といって、天皇一世代のあいだは一つだけの元号とする制度に基づいています。しかし今回、平成を改元することになったのは、天皇が生前に譲位《じょうい》なさるという特例によるものです。

遡《さかのぼ》って江戸時代では、一天皇一元号ではなく頻繁に改元されました。江戸時代、一三人の天皇が即位されましたが、改元は三五回にものぼっています。

たとえば後西《ごさい》天皇の代には、明暦・万治・寛文と、三回も改元されました。幕末の孝明天皇もその身一代で、嘉永・安政・万延・文久・元治・慶応と、これまた六回もの改元を行っています。三五回にものぼる元号の平均年数は約七年間でした。そのうち最長の元号は二一年間の寛永・享保、ついで一七年間の元禄、一五年間の文化と天保が続きます。

一方、最短の元号は幕末期の万延と元治、足掛けで数えれば二年ですが、厳密に数えると万延はわずか一年一か月、元治は一年四か月です。幕末動乱の政情がなせる改元とわかっていても、去年覚えたばかりの新元号が、今年は過去のものとは、イヤハヤ、庶民は元号に親しむ暇もなかったことでしょう。

この時代の改元に関する権限は、形式的には朝廷側にありましたが、実質的には多くの場合、幕府側の主導により行われました。

久保貴子氏の『近世の朝廷運営』（岩田書院刊）によれば、江戸時代の改元の理由は、

①天皇の代始めによる改元
②革命・革令《かくれい》の年による改元
③変異・災異による改元

の三つに大別されると分析されておられます。

たしかにその通りですが、一般庶民の受けとめ方はどうだったのでしょうか。

①は、先述のごとく天皇一代でたくさんの元号がありましたから、庶民にとって天皇と元号が

結びつく印象は、きわめて薄いものでした。
②は、中国から伝えられた未来を予言する讖緯説《しんいせつ》によるものです。干支の辛酉《しんゆう》（革命）や甲子《かっし》（革令）の年に、大きな変革が起きるという予言を期待して改元しました。しかし、この讖緯説が庶民にどれほど理解されていたか定かではありません。
最後の③は、庶民がもっとも関心を寄せた改元でしょう。江戸や京都の大火、江戸城や京都御所の焼失、大地震、旱魃飢餓《かんばつきが》、大風などを契機とする改元だからです。
明和を安永と改元したときのことです。明和九年（一七七二）は江戸の目黒行人坂《めぐろぎょうにんざか》の大火、諸国飢餓、物価高騰など、庶民にとってたいへん迷惑（明和九《めいわく》）な年になりました。

めいわ九も昨日を限り今日よりは寿命ひさしき安永のとし

改元に期待を込めた狂歌です。しかし世は田沼意次《たぬまおきつぐ》の時代、物価高騰（諸式高直《しょしきこうじき》）は一向に解消されず、期待は裏切られました。

年号は安く永しと変われども諸式高直いまにめいわ九

（「粋に楽しく 江戸ケーション」第一一八回）

旧暦から新暦へ

同じ一月一日でも日本の歴史上、特別意義のある一月一日があります。明治六年（一八七三）の一月一日です。それは我が国において一〇〇〇年以上も用いられてきた月の運行を中心にした暦（旧暦）を廃止し、太陽の運行を基本にしたグレゴリオ暦（新暦）を採用した記念すべき日だからです。

文明開化政策を推進した明治新政府は、暦についても欧米にならい、旧暦から新暦へ切り替え、明治五年一二月三日をもって明治六年一月一日としました。

なお明治六年一月一日以降、時刻についても従来の一日一二刻の不定時刻（一刻は季節によって時間の長さが異なる）から、現行の一日二四時間の定時制に切り替えられました。この年から落語の「時そば」は現実味を失うことになります。

この旧暦から新暦への改暦は、万事欧米化という国際化時代にふさわしい新政府の政策でしたが、その理由は表向きのもので、じつはもう一つの理由のほうが直接的には大きかったと思われます。新政府成立当初の財政は火の車でした。当時財政を担当していた大隈重信《おおくましげのぶ》の『大隈伯昔日《せきじつ》譚《たん》』（明治二八年刊）に、その理由が明快に記されています。

新政府は明治四年に官吏の俸給をこれまでの年俸制から月給制に改正しました。ところが、明治六年を旧暦のままとすると閏《うるう》六月があり、年に一三回の月給を支払わなければならないことに気づき、明治六年から新暦に切り替えることによって年一二回の支給となり、一か月分の支出減となります。

さらに、一二月三日の改正により明治五年一二月の月給も二日分をうち捨てにすれば、ここでまた一か月分の支払いが浮きます。合わせて二か月分の月給支払い削減となり、困窮財政にとって大助かりという裏事情が改暦を促したのでした。

なお、日曜休日制の実施は明治九年の四月一日からでした。日曜日のことをオランダ語の「ドンタク」（休日、祭礼日などの意味もあり）と呼び、半日休みの土曜のことを「半ドン」とも呼んでいました。

新暦となった人びとの生活はどのようになったのでしょうか。じつは基本的には、引き続き旧暦による生活を農村部などでは行っていたことがわかります。

最近、妻の実家の土蔵から、祖母海老原《えびはら》ちかの大正末年から昭和初年にかけての日記が発見されました。取手宿《とりで》の近郊の村です。その日記は、まず旧暦で日付を書き、横に新暦の日付を記しています。

たとえば昭和四年の日記は、旧三年一一月二一日（新一月一日）ではじまり、

旧一二月二六日（新二月五日）「正月の用意に糯米《もちごめ》を浸す」

旧一二月三〇日（新二月九日）「年暮の仕度《したく》も成し」「七五三《しめ》（しめ縄）の飾りを成す」

旧正月　一日　（新二月一〇日）「年始とて酒など馳走《ちそう》」

旧正月一四日（新二月二三日）「七五三の飾をとりはづす」

旧二月　四日（新三月一四日）「初午《はつうま》の事とて、赤飯など製《つく》りて神前に供したり」

旧二月　八日（新三月一八日）「此日は彼岸《ひがん》の入り、又農家にては恵比寿講《えびすこう》とて祝日なり」

旧三月　三日（新四月一二日）「旧暦にては上巳《じょうし》の節句」「赤飯を蒸したり、これを神棚《かみだな》に供ふ」

などとあります。

こうした旧暦をもとにする暮らしは、長いあいだの伝統ですので、大正・昭和になってもなかなか消えることはなかったのです。

（「粋に楽しく 江戸ケーション」第九三回）

コラム

浅草寺秘仏の封印切りをさせた御一新

今年（二〇一八年）は明治維新から一五〇年の記念の年。各地でさまざまな行事が繰り広げられています。

維新政府は思い切った新政策を次々と打ち出しました。その一つが慶応四（明治元）年（一八六八）三月に発布された神仏分離令です。

江戸時代は寺院を政治的に利用し、全国民を仏教徒にして、いずれかの寺の檀家《だんか》に属させました。しかも、神社を軽視し寺院を重視したので、これを管轄する役所名は寺社奉行所と称しました。これに対して維新政府は、神道を国民教化の基本に据え、それまで寺院（仏）の中に混ぜこぜになっていた神社（神）を分離独立させ、神社を大切にしたので、管轄役所はその名も社寺局となりました。国家の保護が寺院から神社へ、仏様から神様へ、と逆転したのです。

そのため、神仏混淆《こんこう》の状態にあった寺院境内に、神社や神像を安置してはならぬという政策が展開されました。

神仏混淆で庶民の幅広い信仰を集めていた東京の浅草寺《せんそうじ》にも、この変革の波がどっと押し寄せてきました。『浅草寺日記』の明治二年五月八日の記事に、東京府社寺局の役人二名が神仏分離の調査に来寺しています。

まず、本堂内にあった蛯子《えびす》像を取り除いた跡を見分、そこを参拝させぬよう「空堂」（蛯子さまはいない）と書いた札を掛け置くように指示しています。次いで、境内の熊谷稲荷《くまがいいなり》跡、淡島社跡、西宮稲荷跡を見分、それぞれ神体を取り除き仏像を安置したことを確認しています。

翌六月の一六日には、浅草寺にとっては驚天動地、まさかの大事件が起こりました。神祇官《じんぎかん》社寺所の役人約一〇名が来寺。「神仏混交御改め」と称して、まずは『浅草寺縁起』の閲覧を要求しました。ただし、これは前哨戦《ぜんしょうせん》で、やがて本堂を見分、そして突然、秘仏の本尊を改めたいと言い出しました。

浅草寺の本尊は推古天皇三六年（六二八）に、隅田川において漁師の網に掛かった仏像のことで、浅草寺本尊としていつのころからか秘仏となり、僧侶はもちろんのこと、これを見る人は仏罰を蒙《こうむ》るといわれてきました。その秘仏を新政府の役人が見たいというのです。

あわてた寺側では、秘仏の封印を切るのは前代未聞のこと、寺全体でこれを相談するので一日の猶予を嘆願しました。しかし、これは「勅命《ちょくめい》」（天皇の命令）であるという役人の高圧的な態度に抵抗できず、止むなく本堂内陣に案内、ついに「封印切拝《せっぱい》」して本尊の改めを受けました。中心になった役人の姓名を寺側が尋ねても本人たちはそれに答えなかったというから、いささかの後ろめたさがあったかもしれません。寺側では役人の供《とも》の者から権《ごん》判事の丸山作楽《まるやまさくら》、同じく青山稲吉、社寺掛青柳健之助の三名の名を聞き出すことができました。

その後、本尊を見た彼らから、どんな仏像だったのか語られることはありませんでした。もちろん立ち会った僧侶は仏罰を恐れ、封印切りの本尊を拝することはありませんでした。ただし、役人の中にこれをスケッチした者がいて、その絵があると噂《うわさ》されていますが、確かなことはわかりません。

浅草寺では三日後の六月一九日に再び封印をし、翌二〇日に本堂において秘仏再封印のご供養が執り行われました。浅草寺の本尊は現在でも秘仏として、多くの人びとの信仰を集めています。

（「粋に楽しく 江戸ケーション」第一二二回）

第五章◆江戸人の食生活

尾張の人、小寺玉晁の江戸見聞記

天保一二年（一八四一）二月九日、藩主の参勤交代に随従して江戸にやってきた武士がいました。尾張藩の陪臣《ばいしん》小寺九右衛門《こでらきゅうえもん》です。彼は俳句・狂歌・絵画・香道などに通じた文化人武士で、玉晁《ぎょくちょう》の号で有名です。

小寺玉晁は同年九月一三日までの七か月間、江戸で見聞したことを『江戸見草《えどみぐさ》』という書にまとめていました。

たとえば江戸に着いて間もない二月一九日に泉岳寺に参詣、大石良雄《おおいしよしお》の墓に囲いができている事実を伝えています。一五年前に彼が訪ねたときにはなかったのです。囲いができた理由を「人々石摺《いしずり》等になす故にや」、つまり石碑の文字を拓本にとる人が多くなったためだと推察しています。

彼自身も一五年前に来たときに石摺をして、今もその拓本を所蔵していると自慢しています。元禄の大石ら義士たちが一世紀半後の天保の世になっても、なおたいへんな人気だったことがわかります。

人気といえば、かの老中田沼意次《たぬまおきつぐ》の息子の意知《おきとも》を江戸城中で刃傷《にんじょう》におよんだ佐野善左衛門の墓（浅草、徳本寺）に七月一六日、小寺はお参りしていますが、

大幟《おおのぼり》・小幟に佐野大明神あるいは世直し大明神と相印《あいしるし》し、佐野の墓へかの幟をたて、参詣すること夥《おびただ》しく、その外色々の菓子などをそなえ、男女の差別なくおし合い、へし合い

と半世紀経ってもなお、その人気は衰えることはなかったようです。

彼は江戸の食べ物にもたいへん興味をもっており、八月一九日の項に、

此《こ》の節真黒《まぐろ》至って安く、大道売り多く、五十文が求めれば三人分程はきっとあるなり

とマグロの安値に驚いていています。

さらに八月二二日にも「此の頃又々真黒甚《はなは》だ安値也《なり》」とあり、小田原沖で大漁が続き、五尺（約一・五メートル）もあるマグロ一本が七〇〇〜八〇〇文で売買されている噂《うわさ》を記しています。

九月一六日の項にも、

此の頃至って真黒安く、朝より夕べまで真黒売りの声にてかしまし

とあり、マグロが不漁で高値の現代、うらやましい限りです。

甘酒は一杯銭八文ですが、

至って味なし、予(小寺玉晁)申しけるは、我が国(尾張)で食べしと大違いなり

と甘酒屋に不満を述べると、それは尾張と江戸とでは原料のお米が違いますので、尾張のようにおいしくはできません、との答えが返ってきたとあります。

そして甘酒にショウガを入れず、コショウを振りかけるという江戸の甘酒、どんな味だったのでしょうか。

サツマイモはいたって安く、目方三〇貫目の仕入れ値段は銀一〇匁と記しています。サツマイモを茹《ゆ》でたものを「フカシ」といい、下に塩を敷いて焼いたものを「丸焼き」といいました。

蒲焼《かばや》きのウナギは「大小共に背割也」とあり、江戸では背中からさばいていました。豆腐は一丁六〇文、半丁三〇文、四半丁一五文でした。ただし「大豆の相場により高下有之《これあり》」とあります。

最後に、小寺玉晁が記した江戸の蕎麦《そば》とうどんの値段を紹介しましょう。

ひも川うどん・さらしうどん・翁《おきな》にゅうめんは、銭一六文、
あられ蕎麦・花まき・しっぽくは、二四文、
天ぷら蕎麦・あんかけうどんは、三二文、
玉子とじ蕎麦・ひやむぎ・鴨《かも》なんばん・かしわなんばん・おやこ蕎麦は、四八文、
大蒸籠《おおせいろ》・茶蕎麦・卵きりは非常に高く、二〇〇文

蕎麦売りの屋台。江戸時代はこうした簡易な振り売りの蕎麦屋が多かった。歌川国貞画『今世斗計十二時　寅ノ刻』（部分）国立国会図書館蔵

でした。

そのバラエティに富んだメニューの多さと値段の多様さに、蕎麦（うどん）文化の奥深さを感じることができます。

（「粋に楽しく 江戸ケーション」第五五回）

江戸野菜、小松菜のブランド化

百万都市江戸の近郊農村では、それぞれ特色のある野菜を生産していました。小松菜《こまつな》、練馬大根、滝野川牛蒡《ごぼう》、鳴子瓜《なるこうり》、駒込茄子《こまごめなす》、馬込三寸人参《まごめさんすんにんじん》、亀戸大根《かめいど》、早稲田茗荷《わせだみょうが》などが知られています。のちには、これらを総称して「江戸野菜」と呼ぶようになりました。

今回は、このうちの小松菜についてお話しましょう。

文化元年（一八〇四）刊の農書『成形図説《せいけいずせつ》』に、

関東にて小松菜といふは、とりわけ下総国《しもうさのくに》(じつは武蔵国《むさし》) 葛飾郡《かつしかごおり》小松川に作るものは名高し

とあります。

さらに、文政一三年（一八三〇）の幕府編纂《へんさん》の地誌『新編武蔵風土記稿』にも、

あぶらなと云ふ。葛飾郡小松川辺の名産とす。小松菜と呼ぶ

と記されています。

一九世紀の初め、小松菜はすでに立派なブランド名でした。小松菜は「アブラナ」の栽培変種です。耐寒性があり、冬の重要な野菜として、「冬菜」とも呼ばれていました。

おひたし物や汁の実などに愛用され、お正月の雑煮《ぞうに》にもよく使われました。春蒔《ま》きのものは、つまみ菜として、優雅に「ウグイスナ」ともいわれました。

小松菜の名称の由来は、産地の中心が小松川村（現、江戸川区西部）だったことによります。ただし江戸の前・中期から小松菜という名称が有名であったわけではありません。

江戸中期の享保二〇年（一七三五）刊の『続江戸砂子《すなご》』によると、葛西《かさい》領（現、江戸川区南部）で生産された「葛西菜」が有名で、やわらかで天然の甘味があり、ある食通が、京都の東寺《とうじ》水菜《みずな》、大坂の天王寺菜《てんのうじな》、近江の日野菜《ひのな》などを食べくらべたが、葛西菜にまさるものはなかったと激賞したことを記しています。

それから四〇年後の安永四年（一七七五）刊の『物類称呼《ぶつるいしようこ》』には、

葛西菜、また小松川・本所・牛島辺の冬菜においては、京・大坂にもなし。風味よく、しかも一年のうち絶えることなし。まことに名産なり

とあります。

ブランド名の葛西菜と並んで、小松川が冬菜の特産地として初めて登場しました。しかし、まだ小松菜とはいわず、普通名詞としての「冬菜」の産地としての小松川でした。

また、『物類称呼』の記事で注目すべきは、風味がよいだけでなく、一年中絶えない周年の野菜だということです。

そして江戸後期の、一九世紀初頭までには、『成形図説』に記されたように、葛西菜よりも小松菜のほうがブランド名として、江戸だけでなく日本中に知れわたったものと思われます。

小松とは若松のことで、たいへん目出たく縁起のよい言葉です。小松川菜ではなく、小松菜と称したことが、ブランド化にいっそうの拍車をかけたに相違ありません。

冬を含む一年を通して生産され、味は美味、そのうえ栄養面でもカリウム、カルシウム、ビタミンA・Cが豊かな小松菜は、優等野菜です。

今、江戸野菜が見直されています。

（「粋に楽しく 江戸ケーション」第六〇回）

練馬大根と循環型社会

前項では江戸野菜の小松菜について述べました。今回は練馬大根についてお話しましょう。

天和三年（一六八三）に戸田茂睡《とだもすい》が著した『紫の一本《ひともと》』に紹介されているのが練馬大根の文献上の初出です。

のちの文化文政期に編纂《へんさん》された『新編武蔵《むさし》風土記稿』には、

練馬辺多く産す、いづれも上品なり、そのうち練馬村内の産をもつとも上品とす、さればこの辺より産する物を概して練馬大根とよぶ、人々賞味せり

とあり、練馬大根は上練馬村・下練馬村の名産として、すでにブランド化していたことがわかります。また、おいしい練馬大根を漬け物にした沢庵《たくあん》漬けは、大根そのものと同様、江戸のブランド品でした。

明治五年（一八七二）の『東京府志料』によれば、練馬村（上・下を合わす）の大根関係の出荷高は沢庵漬け一六五〇円（二三〇〇樽《たる》）、大根二七五円（一一〇〇駄）、干し大根八六三円（四五〇〇駄）、大根の種七五円（一二石）でした。

沢庵漬けの出荷高は、練馬村に続いて中新井村の六八〇円（一三六〇樽）、中村の三五〇円

（七〇〇樽）。大根は、練馬村に続いて江古田《えこだ》村の一九二円（一一万五〇〇〇本）、中新井村の八五円（三四〇駄）。干し大根は上鷺《かみさぎ》ノ宮《みや》村の二〇〇円（八〇〇駄）、中新井村の一七〇円（六八〇駄）であり、沢庵漬け・大根・干し大根ともに練馬村が断然トップでした。とくに注目すべきは練馬大根の種が練馬村のみから出荷されており、その品質の良さを示しています。

『日本国語大辞典』によれば、練馬大根は「太い足のたとえにいう」とありますが、江戸時代の練馬大根はほっそりとした形で、近代の改良によって太くなったものと思われます。ですから江戸時代に練馬大根の足といえば、むしろ褒《ほ》め言葉であったかもしれません。

沢庵漬けは江戸市中の武家や町家で大いに賞味されましたが、修行僧が多くまた信者の多い寺社などでは大量に沢庵漬けが消費されました。『浅草寺日記《せんそうじ》』享和元年（一八〇一）一一月四日の項に、「沢庵大根　上三千本　中五千本」とあり、合計八〇〇〇本を練馬村の市郎右衛門から代銭四八貫六四八文で購入しています。これは例年よりも三〇〇〇本少なかったと記録されていますので、ふだんの年は一万一〇〇〇本を消費していたことになります。

練馬区内に残された古文書によれば、ある農民は、江戸の一軒の武家屋敷から出る下肥《しもごえ》を一年間掃除するかわりに、金二両分の沢庵大根を納めていました。武家は下肥をくみ取ってもらったうえで、さらに金二両分の練馬大根を得ていたことになります。江戸の下肥は、近郊農村に運ばれ、それが肥料となって大根が栽培され、大根が江戸へ戻っていったのです。

前項でとりあげた小松菜の場合も、葛西《かさい》領には江戸と小松川村など周辺農村とのあいだを往来する下肥舟（これを葛西舟という）が活躍していました。

このように、江戸市中の下肥は近郊農村へと絶えず運ばれるので、江戸は清潔な街となり、近郊農村では下肥のおかげで野菜生産が活発となり、市中への食料供給が円滑化しました。まさに江戸と周辺農村とが連携した循環型社会が成立していました。

（「粋に楽しく 江戸ケーション」第六一回）

江戸のグルメ店案内『江戸名物酒飯手引草』

江戸は薪《まき》や炭などの燃料費が高かったこと、あるいは地方から単身で出稼ぎにくる農民や、諸藩からの単身赴任の江戸勤番武士が大勢いたことなどもあって、外食産業が盛んでした。

簡単に移動する屋台《やたい》で、安価なすし、てんぷら、蕎麦《そば》などを立ち食いしたり、葦簀《よしず》張《ば》りの床見世《とこみせ》で、おでんを食べながらちょっと一盃といった外食を、多くの江戸住民は愛好していました。

その一方で、きちんとした店舗《てんぽ》構えのグルメ店が多数存在し、江戸の外食の需要に応じていました。なかには庶民とは縁遠い大料亭がありましたが、蒲焼《かばやき》屋、どぜう屋、すし屋、蕎麦屋などが江戸中に散在していたのです。

幕末の嘉永元年（一八四八）刊の『江戸名物酒飯手引草』は、料理を食べながら酒を呑み、最後はご飯とか蕎麦でしっかりと腹ごしらえができるグルメ店の案内書です。部類別に各店の居所と営業者名（ブランド化した店名を表示するケースあり）を列挙した広告宣伝書でもありました。その店数総計は五九四軒。掲載料を支払わなければこの書に紹介されなかったと推測されますので、実数はもっと多かったに相違ありません。

さて、この書の部類別の軒数をみますと、まず、「会席・即席御料理、貸座敷」は一二軒、次いで、「会席・即席御料理」は一〇八軒、「即席御料理」も一〇八軒、「御料理御茶漬」は四八軒、「江戸前御蒲焼」は九〇軒、「名物どぜう」は一二軒、「すし」は九六軒、「そば」は一二〇軒です。

隅田川に面した二階づくりの店構えが立派な柳橋の料亭万八楼。文政年間にはここで大食い大会も行われた。歌川広重画『江戸高名会亭尽　柳ばし夜景』国立国会図書館蔵

いちばん最初に登場した料理屋兼貸座敷業の店は、江戸の超一流の料亭で売れっ子の文人や役者、諸藩の江戸家老らが出入り、書画会や品評会、賀宴などのイベント会場を有していたところに特徴がありました。八百善《やおぜん》、百川《ももかわ》、平清《ひらせい》、万八《まんぱち》など、人口に膾炙《かいしゃ》した店が並んでいます。

会席料理とは何人かの人が会合する席に出す料理、即席料理とはその場で即座にこしらえる料理、または有り合わせの食材ですぐにつくる料理のことです。茶漬料理は奈良茶漬が有名で、空腹時にちょっと一椀《ひとわん》といったもの。

蒲焼きは、この書では唯一「江戸前」という美称を冠せられています。また大和田を称している店が多く、暖簾《のれん》分け現象でしょうか、蒲焼きといえば大和田の名が当時すでに定着していたようです。

どぜう屋のなかには、穴子《あなご》や鯰《なまず》を売っている店もありましたが、どぜう専門の店として紹介されている「浅草駒形町、越後屋助七」は、今も駒形で営業を続けています。

九六軒のすし屋は、すべて「毛ぬきずし」とか「お六ずし」など店名で列記されていますが、十軒店《じっけんだな》で翁屋《おきなや》庄兵衛が営業していた「玉ずし」の店先風景が、奇《く》しくもあの『熈代勝覧《きだいしょうらん》』（日本橋繁昌《はんじょう》絵巻）に描かれており、歴史の醍醐味《だいごみ》を味わうことができます。

なお蕎麦屋については、次項で取り上げますので省略させていただきます。

（「粋に楽しく　江戸ケーション」第一二九回）

江戸の蕎麦屋

江戸のグルメ店の広告誌『江戸名物酒飯手引草』（以下『手引草』と略す）を前項で紹介しましたが、最後の「そば」の部を省略しました。でも江戸名物といえば「蕎麦《そば》」。掲載の蕎麦屋についで語らせていただきます。

『手引草』には一二〇軒の蕎麦屋が紹介されています。もちろん担い売りの蕎麦屋ではなく、店舗営業の蕎麦屋です。一二〇軒の内訳は、「都そば」とか「布引《ぬのびき》そば」といった店名のあるもの三〇軒、店名がなく単に「御膳生蕎麦《ごぜんきそば》」とだけ記されたもの九〇軒、の二種類です。当然のことながら両者ともに、一軒ずつの所在町名と営業者名とがしっかりと記されています。

店名は、「福寿そば」「末広そば」「翁《おきな》そば」「高砂《たかさご》そば」など、細く長い、いかにも蕎麦らしい長寿を意味するものが多かったようです。また、「鴨《かも》南蛮そば」「ざるそば」「蘭《らん》めん（卵麺《らんめん》）そば」などの店名は、その店自慢の商品だったのでしょう。

このほか「更科《さらしな》そば」（五軒）、「白菊そば」（四軒）、「砂場そば」（三軒）のように、同じ店名が何軒かありますが、これは暖簾《のれんわ》分けによる一種のチェーン店と思われます。

そういえば前項で紹介した「すし」の部の本石町《ほんごくちょう》通り十軒店《じつけんだな》の「玉ずし」ですが、『手引草』には同じ店名の「玉ずし」が九軒も掲載されており、十軒店の「玉ずし」にのみ「元祖」の文字が付されています。おそらく先代とか先々代の当主が握《にぎ》りずしの技術を弟子職人に伝授し、次々と暖簾分けしたのでしょう。互いの商圏を侵さないように、江戸中に散在しています。

話を蕎麦屋に戻しますと、残るは店名のない九〇軒の蕎麦屋です。このグループはすべて「御膳生蕎麦」と記されています。「御膳」とは食事の敬称、「御膳蕎麦」といえば上等な蕎麦という意味です。また「生蕎麦」は、そば粉のみでほかに混《ま》ぜ物のない蕎麦のこと、今風にいえば十割《じゅうわり》蕎麦のことです。御膳蕎麦といい生蕎麦といい、いずれにせよ高級蕎麦屋のイメージを売り込んでいます。

店舗営業の江戸の蕎麦屋は『手引草』の一二〇軒だけでなく、もっと多数ありました。『守貞《もりさだ》謾稿《まんこう》』という書に「蕎麦屋一、二町に一戸あり」と記されています。そのうえ立ち食い屋台の担い売りの蕎麦屋が無数にありました。そして一応それぞれ商売が成り立っていたのですから、江戸市民がいかに蕎麦好きだったかがわかります。もっとも、蕎麦が江戸の名物となったのは江戸中期以降のことです。

江戸前期には、江戸も上方《かみがた》の京・大坂と同様、めん類といえば、うどん（うんどん）が主流でした。したがって元禄の赤穂義士事件のころ、江戸ではまだ蕎麦屋はありませんでした。ところが中期以降、関東地廻り醤油《しょうゆ》が江戸市場に参入するようになると、この濃口《こいくち》醤油がそばの美味を引き出す汁としてもてはやされ、これ以降江戸市民の嗜好《しこう》は、うどんから蕎麦へと大転換を遂げたのです。

（「粋に楽しく 江戸ケーション」第一三〇回）

江戸の「モリカケ」問答

森友・加計両学園の問題、略称して「モリカケ」問題が、世間の注目を集めています。その略称の由来は、いうまでもなくお蕎麦《そば》屋さんを連想してのことと思われます。そこで今回は、江戸のお蕎麦屋さんの話をしましょう。

江戸の蕎麦談義の格好の素材に、幕末の江戸案内記『江戸自慢』があります。この書は紀州田辺藩の家臣が、江戸勤番の経験をもとに、国許《くにもと》の紀州と比較して、江戸の長所と短所を記したものです。

同書によれば、江戸の蕎麦に対する和歌山人の評価は、なかなか手厳しいものでした。

（江戸の）蕎麦は鶏卵《たまご》を用いず、小麦粉にてつなぐ故に、口ざわり剛《こわ》く、胸につかえ、三盃とは食いがたし

とあります。和歌山ではつなぎに鶏卵を使っていたようです。小麦粉をつなぎに用いるのは、江戸では常識中の常識。しかし和歌山人は、江戸の蕎麦は口ざわりがごわごわして、胸につかえると酷評しています。

ただし、江戸の汁の味は「至極美にして」と高い評価。そこで和歌山の蕎麦を江戸の汁で食べ

たら最高だと想像しています。

次いで、

鉢に入れ、汁を掛けしを掛《かけ》と言い、小さき蒸籠《せいろう》に盛り、素麺《そうめん》のごとくに食うを盛《もり》という

と記しています。

江戸の蕎麦には、「カケ」と「モリ」の二種類があることをわざわざ説明しています。おそらく和歌山では、「モリ」に類するような蕎麦の食べ方がなかったのでしょう。

さらに、

蕎麦屋に入ると、盛か掛かと問うこと極《き》まりなり、己《おの》が好みに任《まか》せ、早く答えをする事なり

と記されています。

蕎麦屋に入って、ただ「蕎麦をくれ」と注文しても、通じなかったのが江戸の蕎麦屋です。必ず、「モリですか」「カケですか」と聞かれるので、早く答えなさいと忠告しています。

著者は、江戸勤番の当初、「モリ」と「カケ」との区別がわからず、もたもたしてすぐに答え

ることができず、田舎者と笑われた苦い経験があったのでしょう。江戸に赴く後輩の勤番武士たちに、同じ恥をかかせたくないという思いが、この書には込められています。気が短い江戸っ子の気質に配慮して、とくに「モリ」か「カケ」かと聞かれたら、もたもたせずに早く答えよという、この「早く」の二文字に著者の執筆意図をかいま見ることができます。

江戸は、諸藩の江戸藩邸を媒介とする異文化交流の拠点でした。食文化の交流ひとつを取ってみても、その背景には、「モリカケ」問答のような日常的でささやかな努力の積み重ねがあったのです。

ところで、江戸の蕎麦の食べ方として、音を出して食べるという記事は『江戸自慢』には出てきません。しかし、近年蕎麦を食べるときには、音を出して食べるのが江戸以来の蕎麦通の伝統的作法だという説が、まことしやかに喧伝《けんでん》されていますが、それは本当でしょうか。

ある落語家の話では、ラジオ放送がはじまったころ、蕎麦を食べるシーンを伝えるために、わざわざ音を立てたということです。ただし、これも真偽のほどは定かではありません。

音を伝える史料があれば、はっきりするのですが、食の風習は伝承によることが多いので、いつのころからそうなったかを見極めるのはなかなかの難題です。

（「粋に楽しく 江戸ケーション」第一一三回）

江戸の鍋料理

鍋料理がおいしい季節です。江戸も後期になると外食を中心に鍋料理が多彩になりました。

万延元年（一八六〇）と翌文久元年という幕末の記録ですが、紀州藩士の酒井《さかい》伴四《ばんし》郎《ろう》が江戸藩邸に単身赴任していた際の「日記」「小遣帳」に登場する鍋料理をみてみましょう。

「どぜう鍋」　「なまず鍋」　「あなご鍋」
「まぐろ鍋」　「さめ鍋」　「あんこう鍋」
「蛤《はまぐり》鍋」　「鶏《とり》鍋（かしわ鍋）」　「雁《がん》鍋」
「寄せ鍋」　「いのしし鍋」　「ぶた鍋」

の一二種類も食べています。

今では鯰《なまず》鍋や穴子《あなご》鍋や鮪《まぐろ》鍋は珍しくなってしまいました。猪《しし》鍋や豚《ぶた》鍋は、四つ足の動物を常食としなかった当時の食習慣からすると、意外な気がします。ただ猪や鹿の肉を売る専門店があり、薬用にもよいといわれ、けっこうファンがいたようです。豚鍋は安政の開国以来、急速に普及しました。なお「すき焼」でおなじみの牛肉は明治になってからのことです。

以下、酒井伴四郎の万延元年後半の日記から、鍋料理関係の記事をいくつか紹介しましょう。

彼はどぜう鍋が好きだったようで、暑気払い・寒気払いにしばしば食べています。酒も大好きな彼。どぜうに限らず鍋をつっつきながらの一盃は至福の時だったことでしょう。ではどこで食

べたのでしょうか。日記には、

そば屋へ入り、どぜう鍋にて酒五合呑《の》み、そば喰《く》う(八月一三日)

そば屋へ入り、あなご鍋・どぜう鍋・そばにて酒二合呑み候(八月一五日)

とあり、蕎麦屋《そばや》で鍋も酒も楽しんでいます。もちろんこの蕎麦屋は屋台の二八蕎麦屋ではなく、一軒分の店構えをした蕎麦屋です。江戸の蕎麦屋は、ただ蕎麦を売るだけでなく、外食産業の中核を占めていたようです。

寒くなると、どぜう鍋のほかに鶏鍋を食べる機会が多くなります。日記にも、

寒さ凌《しの》ぎがたく候間(そば屋へ入り)鶏鍋にて酒二合呑み酔い候(一〇月一九日)

とか、

寒さ凌ぎがたきゆえ、そば屋にて鶏鍋にて酒二合呑む(一一月二二日)

と書いています。

『守貞謾稿《もりさだまんこう》』の「鶏」の項に、

鴨以下、鳥ヲ食スハ常ノコトナリ、然レドモ、文化（一八〇四～一八）以来、京・大坂ハカシワト云ヒ、鶏ヲネギ鍋ニ煮テ食スコト専《もっぱ》ラナリ、江戸ハシャモト云ヒ、闘鶏ヲ売ル

とあり、文化年間以降、鶏鍋は定着したようです。

失敗談もあります。京橋近くの店で「かしわ鍋」（鶏鍋）を食べに入ったところ、出てきたかしわが、

大いにこわく、そのうえ腐り候とみえ大いにくさく、油気はいささかもなし、一口喰いて返し、蛤鍋と替え、それにて一盃呑み申し候(九月一八日)

その日の彼の感想は、「今日折角《せっかく》うまいものを喰いに行き、大いにつまらんことなり」と。

行列ができる江戸の有名店にやっと行けた喜びもありました。上野の雁鍋です。ちょうどお酉《とり》さまの日、浅草へ行く前に寄りました。

名高き雁鍋へ入り候所、夥《おびただ》しき客にて据《すわ》る所もこれなく、ようやく押し分け据り、雁鍋にて酒五合呑《の》み（一一月八日）

とあり、超満員の中、酒を五合も呑んでいます。雁鍋がよほどおいしかったに相違ありません。

（「粋に楽しく江戸ケーション」第一二八回）

上野戦争の大砲陣地「雁鍋」

寛永寺の浦井正明さんが『上野公園へ行こう』（岩波ジュニア新書）という本をお書きになりました。浦井さんは高僧にして実証的歴史学者。表現は子ども向けにやさしく書かれていますが、内容はかなり高度です。しかも浦井さんの上野のお山を愛する気持ちが随所にあふれていて、読後思わず、ディープな上野公園の探検に行きたくなります。

じつは私も上野大好き人間です。都立上野高校（入学時は旧制上野中学）の生徒として、敗戦直後の昭和二一年（一九四六）から二七年まで毎日のように上野のお山に通っていましたから。

上野公園の歴史については、それなりに知っているつもりでしたが、この本から今まで知らなかったことをたくさん教えていただきました。

たとえば、慶応四年（一八六八）四月一一日に江戸無血開城後、上野の山に立てこもった彰義隊（旧幕臣の有志ら）を、官軍が五月一五日に攻撃した上野戦争のときの話です。

いまの広小路のところに「揚出し」という小絲《こいと》源太郎《げんたろう》さん（洋画家）の実家の豆腐屋があって、官軍側はその二階へ大砲を上げて、上野の彰義隊を攻撃したという記録があります。

私はこの記述を見て、今までずっと半信半疑だったある落語を思い出しました。

それは、明治時代に初代三遊亭遊三《さんゆうていゆうざ》がやっていたのを、五代目古今亭志ん生《ここんていしんしょう》（一八九〇～一九七三）が聞いて覚えたといわれる「火焔太鼓《かえんだいこ》」です。

これは志ん生の十八番《おはこ》中の十八番。そのなかにはこんなセリフがあります。

アノー、上野の戦争の時分には、ずいぶん驚いたネ。〝雁鍋《がん》〟の二階から黒門（寛永寺の総門）に向かって大砲を放した時分には、のそのそしていられなかった。

この〝雁鍋〟という鍋料理屋は、先述の「揚出し」という豆腐料理屋とは違う店ですが、とにかく鉄筋コンクリート造りではない木造家屋の時代に、大砲を二階にかつぎ上げて、砲弾を放ったのは事実のようですね。広小路には著名な料理屋が並んでいましたから、それぞれの二階座敷から大砲が次々に弾丸を発射する光景は、さぞ異様だったことでしょう。

そういえば上野の〝雁鍋〟は、幕末にはたいへん有名な鍋料理屋でした。紀州藩の江戸勤番武士の酒井《さかい》伴四郎《ばんしろう》も、万延元年（一八六〇）の一一月八日の日記に、三人連れでこの店を訪れたことを記しています。

上野にてきせるを買い、それより名高き雁鍋へ入り候所、夥《おびただ》しき客にて据《すわ》る所もこれなく、ようやく押し分け据り、雁鍋にて酒五合呑《の》み、立ち出《い》ず

さすが「名高き雁鍋」、客がたてこんでいて、お武家さまでも、座る場所を確保するのに苦労しています。江戸の飲食店では、武家を特別扱いしませんでした。

その八年後の上野戦争で、士庶に人気のあったこの料理屋が、硝煙《しょうえん》うずまく大砲陣地になろうとは、このとき、酒井伴四郎はもちろんのこと、誰ひとり夢想だにしなかったでしょう。

（「粋に楽しく 江戸ケーション」第八一回）

関東の上酒、下り酒に敗れる

日本酒のおいしい季節になりました。真冬には熱燗《あつかん》が好まれますが、今の季節は人肌《ひとはだ》の温かさがふさわしいように思います。

今回は、江戸時代のお酒の話です。元禄一一年（一六九八）の日本全国の酒造業者は、二万七二二六軒、その醸造米高は九〇万九三三七石にものぼりました（『徳川理財会要』）。幕府の一年間の年貢収納米高（今でいえば国家予算）が、およそ一七〇万石であるのと比較すれば、約九〇万石という醸造米高は、いかに大きかったかがわかると思います。日本人はかなりの酒呑《さけの》みだったようです。

都市江戸の酒の流通市場《しじょう》は、大坂・京都を中心とする上方《かみがた》からの下《くだ》り酒が、おいしいブランド酒として、江戸市民に好まれました。関東の酒は「田舎酒《いなかざけ》」といわれ、格下《かくした》にみられていました。江戸市民が稼いだ金銀は、上方の酒を呑むことによって、江戸から上方へと流れていきました。江戸経済が上方経済になかなか追いつけなかった理由のひとつには、このように江戸市民が上方の酒を大量に呑んでいたからです。

江戸後期に実施された寛政改革の立役者老中松平定信は、この実態に気づき、

西国辺(上方) より江戸へ入り来る酒、いかほどともしれず。これが為に金銀、東より西へ

うつるも、いかほどという事をしらず　（『宇下人言《うげのひとごと》』）

と指摘しています。

そこで定信は、上方の酒に負けないような上等な酒を、関東の酒造業者（豪農）に試造させました。酒造高に制限を設けなかったり、米が足りない場合は、幕府から米を貸与したり、下り酒の江戸への流通を制限したりするなどの、さまざまな優遇を与えました。関東上酒試造政策です。寛政二年（一七九〇）から同一二年までのあいだに、これに参加した酒造業者は、武蔵国《むさしのくに》をはじめ下総《しもうさ》・上総《かずさ》・相模《さがみ》・常陸《ひたち》・下野《しもつけ》・上野《こうずけ》の関東一円に及び、合計八二軒にのぼりました。

しかし、関東上酒といっても、いざ江戸市民が呑んでみると、「値段も安く、うまみも有ると悦《よろこ》び候者」も一部にはいましたが、大方は、

新酒評判甚《はなは》だ宜《よろ》しからず、とかく粕《かす》臭く、甘たるく、逆上いたし、腹合い悪《あ》しく、いくら呑み候ても少しも効き申さず、只小用《ただしょうよう》ばかり出で候　（『よしの冊子《ぞうし》』）

と、さんざんな評判でした。

つまりは、酒造業者によって出来・不出来があり、幕府の奨励政策にもかかわらず、関東上酒

は江戸市場に定着せず、上方からの下り酒が幕末まで主流を占め続けました。やはり、関東の酒造技術が上方には及ばなかったといえましょう。

試造とはいえ、せっかく挑戦したけれど、関東の上酒が下り酒に敗れたのです。

しかし、酒以外の商品で、品質の向上によって、下り物をみごとに追い越した関東物の例があります。ほかならぬ醬油《しょうゆ》です。

江戸中期までは、上方からの下り醬油が江戸市場の主流でした。ところが江戸後期になると、銚子や野田などの関東醬油が江戸市場で圧倒的に優勢となりました。たとえば文政四年（一八二一）の醬油の江戸入荷高一二六万樽《たる》のうち、下り醬油はわずか三万樽です。あとの一二三万樽は、すべて関東醬油でした。

おそらく江戸の味と上方の味との違いから、関東醬油のほうが江戸人の嗜好《しこう》にマッチしたのでしょう。酒とは正反対に、関東醬油が下り醬油に勝利しました。

（「粋に楽しく江戸ケーション」第六六回）

第六章◆祭りと行事

お節とお年玉

正月といえば、お節《せち》とお年玉の風習が思い出されます。お節は、もちろんその家その家の手づくり料理です。お節の食材の豆、芋、ごぼう、栗、昆布、小魚などを、大晦日《おおみそか》の前々日から二、三日間かけて料理するので、女衆《おんなしゅう》は大忙し。

その代わり、正月の三が日は台所仕事から解放されるということになります。その地方の、そしてその家々の祖母や母の手づくりの味が忘れられない、という人も多いでしょう。

近年は、お節を家庭でつくらず、デパートやスーパーでセット販売しているものを買う人が多いと聞いています。なかには一〇万円とか二〇万円もする豪華なお節もあるそうです。

時代の移り変わりとはいえ、伝統的な手づくりの風習が消えていくことに、一抹《いちまつ》の寂しさを禁じ得ません。世界無形文化遺産に登録された「和食文化」が泣いています。

「節」とは、もともと季節の変わり目の年中行事の日のことで、節日《せちび》ともいい、転じて節の日につくるご馳走やお供え物のことをも指し、節《せち》料理とか節振舞《せちぶるまい》ともいいました。

ですからお節料理は正月（元日）に限らず、人日《じんじつ》（一月七日）、上巳《じょうし》（三月三日）、端午《たんご》（五月五日）、七夕《しちせき》（七月七日）、重陽《ちょうよう》（九月九日）の五節句をはじめ、煤掃《すすはき》（一二月一三日）などの節日に、節料理が振る舞われました。

江戸川柳に、「すすはきの御せちがいわゐ納也《おさめなり》」という句があります。大掃除の日がその年の最後の節日なので、お節料理で祝い納めというわけです。

しかし明治以降は、正月の料理だけを、お節と称するようになりました。

次に「お年玉」の話ですが、これも江戸と今とでは大いに異なっています。お年玉といえば現在はおもに現金ですが、江戸時代は品物が中心でした。

年玉とは、「年の賜物《たまもの》」の意味で、新年を祝ってする贈り物のことです。江戸では武士も町人も年始の挨拶廻りをしましたが、その際、年賀として年玉を配りました。

年玉の種類は一定していませんでしたが、扇子、半切紙《はんきりがみ》、貝杓子《かいじゃくし》、手拭《てぬぐい》、略暦、盃《さかずき》などが通例でした。

ただし商人の場合は、常日ごろ出入りしている家への年玉は、自分が扱っている商品、あるいは関連性のある品を配るケースが多かったようです。小林一茶の「年玉であらまし知れる家業かな」という句が、そのことを教えてくれています。

今日でも、会社名を入れたカレンダーが年始に配られますが、江戸でもすでに「御年玉」と記した略暦（一枚摺物《いちまいすりもの》）に自分の店名を宣伝に摺り込んで年始に配っていました。

このようにお年玉とは、軽便な年賀の品物でした。ただし、年始に挨拶に行く家に子どもがいれば、お年玉といって、小額の銭を包むこともありました。

この子どもへの現金のお年玉が、明治以降一般化し、いつの間にか年賀の品物を、お年玉とはいわなくなりました。

私の子どものころは、平生《へいぜい》のお小遣いがわずかでしたから、お年玉は本当にうれしく待ちどおしいものでした。今の子どもたちは、誕生日の祝いや、クリスマス・プレゼントなど高額のものをもらう機会が多いので、お年玉の喜びは、ずっと小さいのではないでしょうか。


（「粋に楽しく 江戸ケーション」第六九回）

十軒店と鎌倉河岸

江戸では二月二五日ごろから三月二日まで、買い物客でひときわ混雑する場所がありました。日本橋の十軒店《じっけんだな》と神田の鎌倉河岸《がし》の二か所です。

日本橋の大通りにある十軒店は、室町《むろまち》三丁目と本石町《ほんごくちょう》とのあいだにある小さなエリアで、地名の由来は、かつて商店が十軒あったことによるといわれています。十軒店という町名は俗称地名で、実際は十軒店の西側は本石町二丁目、東側は本石町三丁目に附属していました。

この十軒店に雛《ひな》人形屋が何軒かあり、三月三日の雛祭り（上巳《じょうし》の節句）が近づくと、雛市が立ち、雛人形屋の本店舗のほかに、道路上に葦簀《よしず》張りの仮店舗がたくさん並びました。

十軒店の雛市で夫婦雛に夢中になる美人。歌川豊国画『江戸名所　百人美女　十軒店』安政５年（1858）国立国会図書館蔵

その様子は、文化二年（一八〇五）ごろの日本橋界隈《かいわい》の様子を描いた『熙代勝覧《きだいしょうらん》』からうかがえます。『熙代勝覧』に描かれた十軒店には、大黒屋や万屋《よろずや》という表店《おもてだな》

（本店舗）に雛人形が並べられていますが、道路上の仮店舗にも雛人形や飾り付け道具などが緋《ひ》毛氈《もうせん》の上に並べられ、多くの人びとでにぎわっている様子がわかります。

なお十軒店は、端午《たんご》の節句が近づいた四月二五日ごろから五月四日までは甲《かぶと》人形や鯉幟《こいのぼり》・菖蒲《しょうぶ》刀《がたな》などの武者人形市が立ち並び、さらに年末の一二月二五日ごろから大晦日《おおみそか》までは破魔《はま》矢《や》・手《て》毬《まり》・羽子《はご》板《いた》などの市が立ってにぎわいました。人形市は尾張町・浅草茅町《かやちょう》・池之端仲町《いけのはたなかちょう》などにもありましたが、十軒店がもっとも盛んでにぎわっていました。

十軒店は明治四四年（一九一一）に独立した一町となり、正式に十軒店町となりましたが、昭和七年（一九三二）に室町三丁目に編入され町名は消滅しました。

雛祭りに欠かせないのが白酒です。白酒の名店として、その名を轟《とどろ》かせていたのが神田鎌倉河岸（現、千代田区内神田《うちかんだ》一丁目）の豊島屋十右衛門でした。

豊島屋十右衛門は、寛政改革期に勘定所御用達一〇名のひとりとして登用された江戸の大金持ちです。白酒はほかの酒屋でも売っていましたが、豊島屋の白酒は非常においしいことで有名で、雛祭り前の二月二五日ごろの大売り出しのときには、武家も庶民もこぞって豊島屋に押し掛けました。そのにぎわいは長谷川雪旦《はせがわせったん》画の『江戸名所図会《ずえ》』にある「鎌倉町豊島屋酒店 白酒を商ふ図」に描かれています。

豊島屋は、ふだんは酒・醤油《しょうゆ》を商う店でしたが、白酒の大売り出しの当日は、「酒醤油相休申候」

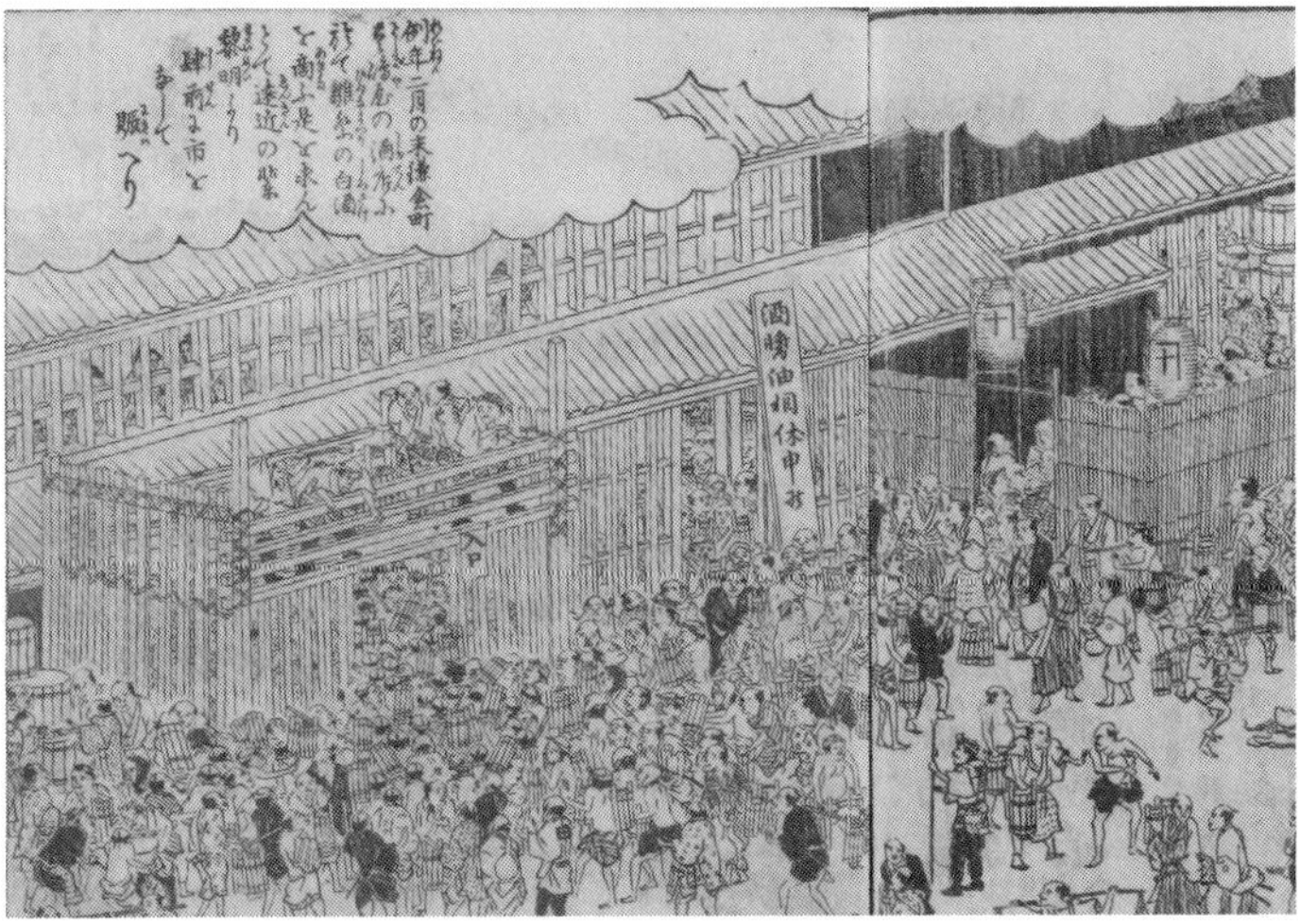

鎌倉河岸にあった豊島屋は白酒を格安で提供し、酒菜なども工夫を凝らして大いに繁昌した。斎藤月岑他作『江戸名所図会』より「鎌倉町豊島屋酒店 白酒を商ふ図」（部分）天保５年（1834）須原屋刊、国立国会図書館蔵

の看板を掲げ、白酒以外の商品は販売しませんでした。

　混雑を緩和させるためですが、このほか、あらかじめ代金を受け取って切手（領収書）を渡し、客はその切手を持って白酒と交換するという効率的な販売を実施しました。また、左側を入口、右側を出口とし、客の流れを一方通行にするという工夫も凝らしていました。

　さらに驚くべきは、混雑や人いきれなどで気分が悪くなる人が出た場合に対処して、あらかじめ医者を待機させたり、お客さんに怪我《けが》人が出ぬよう、出入りの鳶《とび》の者を警備に当たらせるなど、万全の体制で大売り出しに臨んでいたのです。

　こうした豊島屋の先進的な安全管理の販

売手法は、混雑する現在のデパートの大売り出しや博物館の特別展の際などにも、参考とすべきことが多いのではないでしょうか。

十軒店の雛市や鎌倉河岸の豊島屋の白酒のように、江戸は四季折々の行事を大切にする、季節感あふれる街だったのです。

（「粋に楽しく 江戸ケーション」第九四回）

「造り菓子」のような花御堂

四月といっても旧暦の四月八日のことですが、寺院では灌仏会《かんぶつえ》という行事が行われています。江戸時代はその行事が、今よりもずっと盛大に行われていました。

四月八日は、お釈迦《しゃか》さまの誕生記念日です。釈迦誕生のとき、甘茶を灌《そそ》いで体を洗ったという故事にちなみ、この日に釈迦誕生の立像を安置する小さなお堂を造り、その立像に甘茶を灌いで供養をしたのです。お堂は正式には灌仏堂と称されていますが、小は六〇センチ四方ぐらいから、大は二メートル四方ぐらいまで、寺によって大きさはさまざまでした。

『絵本江戸風俗往来』によれば、「灌仏堂の屋根を時節の諸花をもって葺《ふ》きける、牡丹《ぼたん》・芍薬《しゃくやく》・百合《ゆり》・藤・燕子花《かきつばた》、美をつくし」とあり、お堂の彫刻も華美をつくしたものがあったといいます。

その屋根に前述のような色とりどりの草花を葺いたのですから、灌仏堂は「花の堂」とか「花《はな》御堂《みどう》」と愛称され、「その見事なること、造り菓子の如《ごと》くなり」と賞されています。「造り菓子」とは、今でいう工芸菓子です。

参詣人は釈迦像に灌いだ甘茶をもらい、家に帰ってその甘茶で硯《すずり》に墨をすり、「五大力菩薩《ぼさつ》」と三行書いて衣類のつづらなどに入れておくと、衣類が虫に食われないと信じられていました。

さらにこの墨汁で、「千早振る卯月八日は吉日よ、かみさけ虫をせいばいぞする」と書いて家の柱に貼ると、毒虫の害を防ぐ呪《まじな》いになるというので、この日、灌仏会のある寺院に甘茶をもらいに大勢の参詣人が押しかけたのです。

とくに子どもたちは朝早くに起きて甘茶をもらいにいくのを楽しみにしていました。砂糖が高価な時代、甘味は子どもたちにとって、魅力あるものだったのかもしれません。

幕末に近江国《おうみのくに》から江戸にやってきた農民の旅日記『東武日記』にも、四月八日に「諸寺院灌仏ニテ小児甘茶ニ詣《もう》スナリ」とあり、子どもが主役の行事のイメージをもっていました。

この日、江戸でにぎわった寺は本所の回向院《えこういん》を筆頭に、浅草寺《せんそうじ》、芝の増上寺、大塚の護国寺、牛込の済松寺《さいしょうじ》、小石川の伝通院《でんづういん》などでした。なかでも伝通院の花御堂は、たいへん美しかったといわれています。

こうした寺院の門前には、青竹でつくった小さな手桶《ておけ》を売る商人の露店が出ていました。甘茶を入れるための桶で、飛ぶように売れていました。

旧暦の四月（新暦では五月）は初夏です。暖かくなり着物を食べる害虫が動きはじめます。そして人間に害をもたらす毒虫も活発化します。

こうした人びとの暮らしに支障をきたす害虫・毒虫の防除意識の普及、そして実際にその対策を立てることが、四月八日の灌仏会という仏教行事の背景に読みとることができます。

安心・安全な暮らしを願う江戸人の知恵の深さを、ここでまた教えられました。


（「粋に楽しく 江戸ケーション」第九六回）

天下泰平を意味する諫鼓鶏

江戸の天下祭りといえば、六月一五日の山王《さんのう》権現の祭礼と、九月一五日の神田明神の祭礼のことです。この両祭礼は隔年に行われ、幕府公認のもと、祭礼の行列が江戸城内に繰り込み、将軍

右手の広島藩浅野家上屋敷（現、総務省）、左手の福岡藩黒田家上屋敷（現、財務省）、ふたつの大名屋敷のあいだを通る坂道を巡行する山王祭礼行列。歌川広重画「東都霞か関山王祭諌込ノ図」国立国会図書館蔵

が上覧するというので、天下祭り（あるいは御用祭り）と称されました。

山王祭礼の行列は、元和元年（一六一五）に初めて江戸城内に入ったとされていますが、実際には、祭りの体裁が整えられた寛永一一年（一六三四）からだとするなど諸説があります。一方、神田祭礼の行列が江戸城内に初めて入ったのは、ずっとのちの元禄元年（一六八八）とされています。

両祭とも、各町内から出す山車《だし》（牛にひかせた）を中心に、踊りや仮装の練りもの、それに神社から出る神輿《みこし》（山王は三基、神田は二基、担ぎ手は一基につき五〇人ずつ）の整然とした行列が続きます。

『東都歳事記』（天保九年〈一八三八〉刊）によれば、山王の山車の数は約一六〇町の町々から四五番、神田は約六〇町の町々から三六番でした（番数は年により若干の異同あり）。

ここで注目すべきは、山王・神田の両祭礼ともに、山車巡行の一番は大伝馬町《おおでんまちょう》の諫鼓鶏《かんこどり》の山車、二番は南伝馬町の猿人形の山車と決まっていることでした。

天正一八年（一五九〇）に徳川氏が関東入部の際、馬込・高野氏ら当地の住民が、駄馬人足《だばにんそく》を率いて城づくり・町づくりに協力したことから、家康より大伝馬町・南伝馬町を下賜され、道中伝馬役《てんまやく》の特権を与えられた特別な二町でした。

こうした由緒から山王・神田両祭礼の神輿巡行の諸役を勤めるとともに、山車巡行の一番・二番という、晴れがましい栄誉を与えられたと思います。

では、山車巡行のトップランナーである「諫鼓鶏」とは、どういう意味をもつものだったのでしょうか。

これは、中国古代の伝説上の天子が、自分の政治に非があれば遠慮なく諫言《かんげん》してもらいたい。ついてはその際、朝廷の門前に置いた鼓を打ちならせという、諫鼓《かんこ》の制を設けました。しかし天子の政治に非のうちどころがなく、国は栄え、民は豊かに暮らしていたので、諫《いさ》めの鼓を打つ民は一人もおりませんでした。鼓はついに苔《こけ》むして鶏が鼓の上に乗ったりする遊び場になってしまったという伝説の故事です。

諫鼓鶏は善政、すなわち天下泰平の象徴として後世に伝えられ、めでたいものとして絵画や彫刻の題材となりました。天下祭りの山車のトップランナーは、まさに戦国の争乱を治め、天下泰平の世を切りひらいた徳川のめでたき世を象徴するものだったのです。

そして庶民もまた、将軍上覧という機会をもつ天下祭りの諌鼓鶏に、治世者はかくあれかしとの思いを寄せていたことでしょう。

（「粋に楽しく 江戸ケーション」第一二七回）

「お酉さま」は大にぎわい

旧暦一一月の酉《とり》の日は、鷲《おおとり》神社（大鳥神社）の祭日です。一一月の最初の酉の日を一の酉といい、二回目の酉の日を二の酉といいます。愛称は「お酉さま」とか「お酉さん」。一般的には「酉の市」または「酉のまち」といっています。

鷲神社の祭神は天穂日命《あめのほひのみこと》です。もと武運守護の神でしたが、開運・商売繁盛のための信仰の神に変わりました。鷲神社は、江戸と近郊農村との境目にたくさんありましたが、当初有名だったのは、葛西《かさい》花又村（現、足立区花畑）の鷲大明神社でした。近隣の農民だけでなく、江戸市中からも船で大勢の人が参詣に訪れました。

『東都歳事記』によれば、花又村に「参詣のもの鶏を納む。祭り終りて浅草寺《せんそうじ》観世音の堂前に放つ」とあります。おもしろいですね。浅草寺の境内に鶏が放たれたというのですから。今日の境内で見るハトが群がっている光景とは違っていたようです。

鷲神社は、そのほかにも下谷《したや》田圃《たんぼ》の鷲大明神や千住二丁目勝専寺・浅草鳥越神社・巣鴨宮下町・四谷須賀神社・新宿花園稲荷社内・深川八幡社内などが有名でした。いずれの神社も一一月の酉の日はにぎわいましたが、とりわけ大勢の参詣客でにぎわったのが、下谷田圃の鷲大明神でした。

ある落語によれば、その主人公がお酉さまに出かけ、押し合いへし合いの人混みの中を歩いていくと、周囲の人の圧力で自然と体が空中に浮き、下駄が脱げてしまいました。しかし再び地上に降りると、別の下駄に足が入りました。やがて混雑を離れてよくよく下駄を見ると、履いてきたものよりもずっと綺麗《きれい》な下駄になっていた、という笑い話です。それほどお酉さまはにぎわったのです。

花又村に比べ下谷は市中に近く、浅草寺や吉原にも近いという地理的要因もあって、江戸後期には花又村から下谷へとにぎわいが移ってきました。幸運をかき集めるという縁起物の熊手が売られ、粟餅《あわもち》や芋頭《いもがしら》を商う店が門前に並んでいました。

紀州藩江戸詰家臣の酒井《さかい》伴四郎《ばんしろう》もお酉さまに出かけています。

浅草鷲神社の「酉の市」は今も続く歳末の風物詩。新年の多幸を祈願した熊手の縁起物は、時代とともに変化した。歌川豊国（3代）画「一陽来復酉の市」万延元年 国立国会図書館蔵

万延元年（一八六〇）一一月八日の彼の日記によれば、「今日は酉待《とりのまち》にて鷲大明神の御祭り故」、江戸詰の仲間二人と下谷の鷲大明神に参詣していますが、たくさんの群衆で、「爪の立つ所もこれ無く候」と記しています。

売り物は、熊手に「俵・御多福《おたふく》・大帳・的ニ矢・男根、何やかや色々の目出度《めでたき》物を括り付《くくりつけ》」、それを参詣客が買っていました。とくに遊女屋や人寄せの商売人は、熊手一本を一両あるいは二両・三両と高い値段で買っていたと記しています。買った人が次々と大きな熊手を高く差し上げ、人混みを分け入りながら歩む姿に「誠に立派にて候」と驚嘆しています。また参詣人が、芋頭を煮た物をお土産《みやげ》に買っていたことも書かれています。

ついで同月二〇日の日記によれば、伴四郎は「今日酉の待故」、鮫ヶ橋《さめがはし》の鷲大明神に参詣に出かけ、「夥敷 賑ひ《おびただしきにぎわ》」とあります。律儀に二の酉の日にも、下谷ではありませんが、近くの鷲神社に参詣に出かけており、江戸庶民の年中行事の暮らしにすっかり溶け込んでいる様子がうかがえます。

（「粋に楽しく 江戸ケーション」第六七回）

除夜の鐘はなかった

今年も、はや一二月。年齢《とし》を重ねるごとに、なぜか月日の経つのが加速しているようです。一年という絶対時間は不動のものなのに、不思議なことです。

さて、江戸の年の暮れ、大晦日《おおみそか》の話です。浪人が主人公の時代劇などに、よくこんなシーンがあります。浪人の月代《さかやき》は伸び放題、つぎはぎだらけの粗末な着物を着て、内職の傘張りをしています。

月末つまり晦日には、「掛取《かけと》り」といって酒屋や米屋が一か月分の販売代の集金にやってきます。当時の商慣習の主流は「晦日払い」でした。一二月の大晦日ともなれば、ふだんの月の晦日と違って、貸金を越年させないよう、厳しく集金しました。

浪人の住む九尺《くしやく》二間《けん》（約一〇平方メートル）の裏長屋に、「三河屋でございい」とか「伊勢屋でございい」と言って、諸商人の手代らが次々に掛取りにやってきます。そのたびに「今しばらくのご猶予を」と平身低頭、謝りつづける浪人。

やがて除夜《じよや》の鐘が「ゴーン」と鳴りはじめます。年が明けたしるしです。もう掛取り人は来ません。

浪人は今年もなんとか切り抜けて新しい年を迎えることができたと、狭い裏庭に出て夜空を見上げます。

ここがドラマの演出家の腕の見せどころです。浪人には何も語らせず、夜空を見上げるだけ。「月に群雲《むらくも》」、雲が徐々に動いて満月が煌々《こうこう》と輝く姿を現し、浪人の安堵《あんど》する心象風景をみごとに演出します。

しかし、このドラマのシーンには二つの嘘《うそ》があります。おわかりになりますでしょうか。まず一つは、江戸時代は月の運行を基準にした陰暦でした。若干のズレはありますが、おおむね毎月一五日の夜は満月、そしてだんだん細くなっていって晦日には月は見えず、闇夜になります。「晦」という字は「くろい」という意味です。浪人が大晦日に見上げる夜空には、満月が照り輝くことなどありません。

もう一つは、除夜の鐘が「ゴーン」と鳴りますが、江戸の町では除夜の鐘をつくことはなかったと思います。言うまでもなく、「除夜」とは大晦日の夜のこと。『日本国語大辞典』には、「除夜の鐘」とは「除夜の十二時を挟んで諸方の寺々の鐘をつくこと」と説明しています。さらに、「一〇八の煩悩《ぼんのう》を除去し、新年を迎える意味を込めて一〇八回つきならす」とあります。

しかし、江戸時代の人びとは、夜の九ツ（一二時）が一日の変わり目とは考えていませんでした。むしろ日の出の半刻《はんとき》（一時間）ほど前あたりで翌日となります。大晦日の夜一二時に翌年の正月一日になるというのは、太陽暦を導入した明治六年（一八七三）以降のこと。前記の大辞典の説明は、江戸時代ではなく近代以降の話です。

『浅草寺日記《せんそうじ》』やほかの寺院日記を見ても、大晦日にお寺の鐘をつく行事は見当たりません。また、「時の鐘」の研究者浦井祥子さんにうかがいましたが、「時の鐘」の関係史料にも大晦日に一〇八回ついたという記録はないとのことです。

伝統的な行事といっても、明治以降のものが意外に多いようです。

（「粋に楽しく 江戸ケーション」第八〇回）

盛んだった鶉の品評会

今日では、鶉《うずら》といえば中華料理の食材によく使われる小ぶりの卵を思い出す人が多いでしょう。じつは、鶉は室町時代から食用というより観賞用として武家のあいだで飼育されていました。鳴き声が美しく、ゴキッチョウ（御吉兆）とも聞こえるので、縁起《えんぎ》がよい鳥とされていました。

江戸時代になると、武家だけでなく町人にも愛好者が広まり、その鳴き声を品評する鶉合わせが盛んに行われました。

『増訂武江《ぶこう》年表』によれば、すでにはやく江戸前期の寛永年間（一六二四～四四）には「貴賤《きせん》」（武家も町人も）が鶉を盛んに飼育していた、とあります。

また、『嬉遊笑覧《きゆうしようらん》』（文政一三年〈一八三〇〉刊）という書によれば、江戸後期の明和・安永（一七六四〜八一）のころ、鶉合わせが流行したとあり、江戸時代を通じて鶉の飼育熱は冷めなかったようです。

同書によれば、大名らも競って鶉を飼ったこと、鳥かごも唐木《からき》（紫檀《したん》・黒檀《こくたん》など熱帯産の上等な材木）や金銀、象牙《ぞうげ》、螺鈿《らでん》、蒔絵《まきえ》など、贅《ぜい》を尽くしたことが記されています。

また鶉合わせの会の日には、江戸中の鳥好きのものが、鳥かごに美を尽くし、よい鳥を選び持ち出して勝負をしたとあり、鶉は早朝によく鳴くので、鶉合わせの会は朝早くから開かれた、とあります。

江戸東京博物館所蔵の『鶉会之図屛風《びようぶ》』は、まさにこの鶉合わせの会の様子を描いたものです。天幕が張られた会場内の緋《ひ》毛氈《もうせん》の雛壇《ひなだん》の上に、鶉を入れた豪奢《ごうしや》な鳥かごが五〇近くも並んでおり、その前で武士や町人たちが楽しそうに品定めをしている様子が描かれています。

慶安二年（一六四九）刊の『鶉書』（『日本農書全書』六〇）には、上等の鳴き声とは、胴から大声を出し、第一に調子がよく、「いろ」（音色）と「におい」（潤いがある）がよく、あとのほうを声張り上げて長く引くもの、とあります。

また鳴き声はいろいろと聞こえるもので、『和《わ》漢《かん》三《さん》才《さい》図《ず》会《え》』（正徳三年〈一七一三〉刊）には、知知快《ちちかい》と聞こえる、帳吉古《ちょうきこ》、吉幾利快《ききりかい》、幾比快《きひかい》、勅快《ちょくかい》などはよくなく、嘩嘩快《かかかい》と鳴くを上として、声は転じて長く引き、大変まろやかで明快なものを珍重する

と書かれています。

さらに、『鶉書』には、病気とその手当てに関する懇切な記載もあります。たとえば今でいうメタボ、脂肪のつきすぎた鶉は、首の付け根が太く見える。この手当てには赤土を敷く。また、もぐさで脂肪のついているところを少しずつ焼くとよい。逆に痩《や》せた鶉には勝栗をすり餌にして食べさせる、とあります。

ハジラミのついている鶉は、ふくれて毛色も悪く、しょっちゅう体中をくちばしでつついている。この場合は鶉を紙の袋に入れて頭だけ出し、たばこの煙を中に吹きかける。あるいはまた、黒土に硫黄《いおう》を細かにして少し混ぜた物を浴びせてもよい、と記されています。

このほか、なかなか鳴きはじめない若鳥は、ぬるま湯で何回も洗ってやると鳴きはじめるとか、鳴くのをやめたときは、イナゴを一日に一〇匹ずつ与えるとよい、とあります。

いずれにしても、鶉をいかに大切に飼育していたかを知ることができるでしょう。

（「粋に楽しく 江戸ケーション」第七六回）

江戸時代の「遊び日」

去る二月二八日（二〇一八年）、半世紀余もお付き合いしてきた研究仲間の大切な人古川貞雄氏が亡くなりました。享年八七歳。戦後における長野県近世史研究のリーダーとして活躍、『長野県史』や『長野市史』編纂《へんさん》の中心メンバーでした。

古川氏の実証的・論理的な研究成果は、長野県という地域に密着したものですが、同時にそれは全国的にも普遍性をもつ優れた成果として、私も氏から教示を受けるところ多大でした。氏の大きな成果のひとつとして、名著『村の遊び日――休日と若者組の社会史』（平凡選書99、一九八六年刊）があります。江戸時代の農村の労働日と休日に関する研究です。ワークライフバランスという現代的課題にも通じる書といえましょう。

今から三〇年も前の成果ですが、当該分野研究の金字塔として、いまだに新鮮な輝きを放っています。以下にその内容の一端を紹介しましょう。

江戸時代の「遊び日」の原型は神事祭礼の日のこと、神を祀《まつ》り神と遊ぶ日のことです。稀《まれ》に、純粋な労働休養日を「休日」と規定し、遊び日と休日とを峻別《しゅんべつ》する事例がありますが、多くは遊び日は休日と同義語で、史料上でもこの両者は混用されています。

それでは休日（遊び日）を具体的にみますと、正月三が日、七草、一五日の小正月など正月行事のほか、三月三日、五月五日、七月七日など節句《せっく》の日、さらには先祖神を祀るお盆、村の鎮守祭礼や講の日、五月の田植え明けの農休み、一〇月の稲刈り明けの農休みなど、江戸中期までの休日は年間およそ三〇日ほどでした。

こうした休日を、村々では自主的に村役人がその村の農事暦にそって定めたので、休日の内容や日数は村によって相違がありました。明治以降、国家が統一的に休日を設定するようになりますが、江戸時代には幕府や藩が村の休日設定に口を挟むことはありませんでした。

江戸後期になると村民の要求などにより、村々の休日が増加し、年間およそ六〇日などと倍増する事例が多くなります。

旧暦の江戸時代ですから土曜・日曜制はないのですが、七日働いたら八日目は一日休養するという取り決めをした村があります。また休日を一日全休とせず、半休日を設けるなど農民のさまざまな知恵が発揮されています。

なかでも休日が増加した最大の要因は、村の若者組の要求でした。祭りといえば若者の出番です。余興の芝居や踊りに熱心に取り組みました。となると祭りに備えての稽古日がほしい、祭りのあとの慰労の仕舞日《しまいび》がほしいということで、一日の祭礼休日が三日間に及ぶことになりました。

田植えや稲刈りのあとの休養日延長も若者組の要求でした。若者は村におけるいちばんの働き手。村役人も彼らの要求を無視することはできず、そのほかの要求も次々に取り込むようになります。古川氏の著書のサブタイトルに「休日と若者組の社会史」とあるのは、そのことを含んでいます。
今年（二〇一八年）は明治一五〇年です。明治維新は、「志士」といわれる青年たちが原動力になっていました。社会を大きく進展させる力の多くは、いつの世も若者にあり、ということでしょう。

（「粋に楽しく 江戸ケーション」第一〇八回）

コラム

象が江戸にやってきた

享保一三年（一七二八）六月、九州の長崎にオス・メスの二頭の象が上陸しました。日本に象がやってきたのは、室町時代の応永一五年（一四〇八）と、江戸開府直前の慶長七年（一六〇二）以来、三度目のことです。

今回の象は、八代将軍吉宗の上覧に供するために、中国商人が広南（現在のベトナム）から船で運んできたものです。

吉宗がなぜ象を見たがったのか、その理由は定かではありません。しかし、ベトナムでは象を出陣の際の先備《さきぞなえ》とする「国主軍用の象」であることを知り、吉宗はその軍事機能に注目したからだといわれています。

メスの象は江戸へ出発する前に長崎で死んだので、オスの一頭が翌享保一四年三月一三日に江戸へと向かいます。

なにしろ巨体の象です。高さが七尺（約二・一メートル）、頭から尾の先までの長さが一丈一尺（約三・三メートル）、幅は四尺（約一・二メートル）もあります。道中の行く先々でその宿泊施設（大きな馬小屋）を用意しなければなりませんでした。象は竹の葉や青草・藁《わら》を好んで食べましたが、これを一日あたり三〇〇斤（約一八〇キログラム）、用意しながらのたいへんな旅でした。

象は、一日に三〜五里のペースで、四月一六日に大坂、二六日に京都に入り、二八日に宮中で天覧の栄に浴しました。その際、爵位なきものは参内《さんだい》できぬとして、象は便宜上「広南従四位白象」の位を与えられたと伝えられていますが、裏付けとなる確かな史料はありません。

以後、東海道を下り、五月二五日に江戸に到着しました。江戸に初めて象がやってきたのです。江戸市中は大騒ぎとなり、「道筋の町々は申すに及ばず、例え外から見物に来た者たちも決して立ち騒がない、また象に菓子などを投げ与えてはいけない」という趣旨の町触《まちぶれ》が出されました。

将軍吉宗の上覧は、江戸到着二日後の五月二七日に行われました。

『徳川実紀』のこの日の条《くだり》に、

大広間にいでたまひ、象を御覧あり、布衣《ほい》（六位）以上の諸有司みな見ることを許されたりと記されています。実学好きで日ごろから外国の文物に強い関心を示していた吉宗の興奮ぶりが目に見えるようです。

さて、上覧を終えた象は、その後芝の浜御殿（将軍の別邸）で飼育されました。しかし年間

江戸時代に渡来した象といえば、享保13年にベトナムから長崎に到着し、その後約1200kmもの距離をおよそ80日かけて旅した末に、時の将軍吉宗に献上された事例が有名。本図は明治9年（1876）に渡来した象を描いたもの。守川周重画「アシヤシウ天竺渡り大象」国立国会図書館蔵

二〇〇両もかかる飼料代は、幕府財政にとっても重い負担です。そこで享保一五年には民間に払い下げることになりました。その結果、翌々一七年、武州多摩郡中野村の源助ら三名の者に払い下げられました。

源助らは、象の糞《ふん》が疱瘡《ほうそう》(天然痘)・麻疹《はしか》の治療に効果があるとされているところに注目して、払い下げを受けたのです。当時は疱瘡・麻疹が流行し、多くの人が死亡したので、象の糞を黒焼きにし、粉にした薬(これを象洞《ぞうほら》という)の需要が高かったのです。源助らは象の糞を象洞として商品化し、販売を全国的に広めてひと儲《もう》けしようと考えたようです。

長崎に上陸してから一四年間、数々の話題を振りまいてきたこの象は、寛保二年(一七四二)に病死してしまいました。象の死後、皮は幕府が召し上げ、骨などの遺骸は源助のもとへ下し置かれたとのことです。

源助らはその後、売れ残っている象洞の販売促進のため、各地で象骨の見世物興行を行いましたが、思ったほどの利益は上がりませんでした。

のち源助の子孫は、象骨を村内の宝仙寺へ譲りました。宝仙寺ではこれを寺宝として大切に保存してきましたが、先の戦災で焼失したといわれています。

(「粋に楽しく 江戸ケーション」第六四回)

第七章 ◈ 相撲と歌舞伎

ペリー来航と相撲取り

嘉永六年（一八五三）六月三日、アメリカ大統領使節のペリーが率いる四隻《せき》の軍艦が浦賀へ来航しました。幕府や一部の大名たちには、事前に来航情報が伝わっていたとはいえ、何も知らされていなかった江戸市中では、突然の異国船の来航に大騒ぎとなりました。

こうしたなか、江戸の相撲《すもう》年寄（現在の相撲協会のようなもの）は、同月一一日に、北町奉行所へ一通の願書を差し出しました。さすが元相撲取りたち、大きな体に似ず、じつに敏速な行動でした。

その内容は、幕府から免許を受けて相撲興行を行い、生計を立てているわれわれ相撲界も、この国難に何かお役に立ちたい。ついては、力業《ちからわざ》のみでほかに心得をもたない相撲取りのことですから、道具持ち運び人足のような仕事を命じてもらえればありがたい、というのです。

相撲年寄によるこの出願は幕府を喜ばせましたが、アメリカ大統領の国書を渡したペリーが、わずか一〇日ほどで退去してしまったため、実現しませんでした。

翌嘉永七年正月、ペリーは、今度は七隻（遅れて二隻来航、計九隻）の軍艦を従えて、江戸湾内に来航しました。相撲年寄は今度こそ御用を仰せつけてもらおうと、同月一八日に再び町奉行所へ願書を提出しました。この願いはさっそく聞き届けられ、町奉行は相撲年寄に対し「極内《ごくない》密《みつ》」という扱いで剛腕の者の人選を命じ、待機させました。

一方、ペリーは圧倒的な軍事力を背景に二月一〇日、将兵五〇〇人を率いて横浜に上陸し、条約締結交渉を開始しました。交渉は二月一九日、二六日、三〇日と続き、ついに三月三日、下田・箱館《はこだて》を開港するなど一二か条からなる日米和親条約が調印されました。

この第三回目の交渉が行われた二月二六日、アメリカ側からの贈り物に対する返礼として、幕府から漆器や磁器、絹織物などの品々が贈呈され、さらに艦隊用の食料として、米二〇〇俵（一俵五斗入り）と鶏三〇〇羽が贈られました。

このときの米俵の積み込みに際し、相撲取りが登場し、彼らの念願が叶えられました。

参加した相撲取りは、東の大関小柳常吉、西の大関鏡岩浜之助をはじめ六一名。江戸時代人は今日に比べるとたいへん小柄でしたので、大柄な相撲取りの登場は、アメリカ側を大いに驚かせました。相撲取りたちは二俵の米俵を両手で持ったり、肩に担いだりして次々と効率よく運びました。

こうしたなかでも抜群の活躍をしたのが、身長約二〇六センチ、体重約一五二キロの白真《しらま》弓肥《ゆみひ》

文化14年（1817）に上総国市原郡に生まれた小柳常吉は、嘉永２年に大関となり、嘉永７年に再来航したペリー艦隊の一行の前で屈強さを見せつける役割を担った。歌川豊国（３代）画「小柳常吉」国立国会図書館蔵

太右衛門《だえもん》でした。彼は俵を四つ背負ったうえ、胸先に二俵を架け、左右の手に一俵ずつを提げて、一度に八俵もの米俵を持ち運んだといわれています。さすがのアメリカ人たちも「肝つぶれて褒《ほ》めたたへ候」（『龍神出場記』）とあります。

二〇〇俵の米俵は、浜際に置かれた短艇《たんてい》（はしけ）近くまで運ばれてアメリカ人へ引き渡されましたが、これを受け取ったアメリカ人たちは、二、三人がかりでようやく一俵を持ち上げ、よろよろしながら短艇へと運んでいました。相撲取りたちの力自慢を見せつけた場面でした。

相撲取りの活躍したこのシーンを描いた瓦版のような摺物《すりもの》がさっそく何種類も売り出され、当時の人びとの拍手喝采《はくしゅかっさい》を浴びました。

（「粋に楽しく 江戸ケーション」第六三回）

天明・寛政期の相撲ブーム

江戸時代に入ると、庶民が木戸銭《きどせん》（入場料）を払って相撲《すもう》見物を楽しむようになりました。江戸後期には、相撲といえば歌舞伎と並ぶ江戸の二大娯楽とまでいわれました。平和が長く続いたこともその背景にありました。

そして、今日の相撲ブームの原点ともいうべき一大ブームが、天明・寛政期（一七八一〜一八〇一）に江戸で巻き起こりました。今から二三〇年ほど前のことです。

ブームの理由はいろいろありますが、まずは人気力士がこの時期に登場したことです。谷風梶《たにかぜかじ》之助《のすけ》、小野川喜三郎、そして雷電為右衛門の三力士です。

谷風は仙台出身で、伊達侯のお抱え力士。身長一八九センチ、体重一六一キロという大型力士で、幕内通算成績は二五六勝一四敗。六三連勝の記録をもつ、力量・人格ともに優れた人気力士でした。

ただしさすがの強剛力士谷風も、当時流行した風邪には勝てず、寛政七年（一七九五）に現役のまま急逝しました。四四歳でした。当時猛威を振るった流行性感冒のことを、世人は「谷風《たにかぜ》邪」と呼んだと伝えられています。

次に小野川は近江《おうみ》出身で、久留米の有馬侯お抱え力士。身長一七八センチ、体重一三五キロ、幕内通算成績は一四四勝一三敗。錦絵によればイケメン力士。谷風には身長・体重ともに劣りますが、なかなかの相撲巧者で、谷風の連勝を六三でストップしたのが小野川です。谷風・小野川の対戦は江戸中の評判を呼びました。

この二人からやや遅れて登場したのが雷電です。信州の出身で、松江の松平侯お抱え力士。身長一九七センチ、体重一六九キロという超大型力士。幕内通算成績は二五四勝一〇敗で四四連勝の記録をもっていました。あまりにも怪力なので「張り手」「鉄砲」「かんぬき」の三手は、相手を怪我《けが》させるので雷電に限って封じ手とされたといいますが、史実の裏付けはありません。

このように、三人の人気力士の活躍が、まさにブームの大きな要素となりました。

でも力士の活躍だけではありません。土俵上での新たな演出も相撲人気を湧きたたせました。寛政元年に、相撲の家元を名乗る熊本藩士の吉田家より、谷風と小野川に横綱免許状が与えられました。

つまり横綱を締めて土俵入りすることが許されたのです。あの華麗にして勇壮な土俵入りの新演出は、観客を大いに楽しませました。

そのうえ寛政三年には、将軍家斉《いえなり》が江戸城内で相撲を見物しました。天下の最高権力者が相撲を上覧したということは、相撲を天下御免の娯楽として認めたということであり、相撲人気はいやが上にも盛り上がりました。

さらに多色摺《ず》り版画（錦絵）の発明も、相撲人気をあおる大きな契機となりました。贔屓《ひいき》の力

写真奥より、明石志賀之助・谷風梶之助（右）・小野川喜三郎（左）・不知火諾右衛門・阿武松緑之助（右）・稲妻雷五郎（左）・秀ノ山雷五郎（手前）の歴代の横綱を描く。谷風・小野川が活躍し、将軍への上覧相撲が行われた寛政期は、大相撲最初の黄金期であった。歌川豊国（3代）画「相撲濫觴（歴代横綱の図）」国立国会図書館蔵

士を描いた錦絵は、写真のない時代の今日でいえばブロマイドのようなものであり、相撲絵は飛ぶように売れました。

また、当時の噂話《うわさばなし》を収めた『よしの冊子《ぞうし》』には、本場所には入ることのできなかった女性たちが、牛込神楽坂《かぐらざか》で興行された花相撲に殺到し、大入りの盛況だったと記されています。ブームの陰に、熱烈な相撲ファンの女性が大勢いたとは、今も昔も変わりませんね。

（「粋に楽しく 江戸ケーション」第七八回）

文化一〇年の大相撲浅草寺場所

江戸の大相撲の興行場所は一定しておらず、天保四年（一八三三）までは、いろいろな寺社の境内《けいだい》で行われていました。たとえば、宝暦三年（一七五三）から寛政一二年（一八〇〇）までは八一回開催されていますが、深川八幡で二八回、本所回向院《えこういん》で一九回、御蔵前八幡で一七回、芝神明で六回、神田明神で二回などでした。

ところが享和元年（一八〇一）から天保四年までの六四回の開催場所をみると、本所回向院が

相撲興行の公許の印であった太鼓櫓は、相撲の町両国を象徴する存在として定着していくこととなった。歌川広重画『名所江戸百景　両ごく回向院元柳橋』安政４年（1857）国立国会図書館蔵

圧倒的に多い四〇回で、あとは茅場町《かやばちょう》薬師で六回、御蔵前八幡と芝神明でそれぞれ四回と続いています。さらに天保四年の一〇月場所以降は本所回向院が定場所となり、維新に至ります。

　浅草寺《せんそうじ》境内での大相撲は、宝暦三年から天保四年までのあいだにたった一回だけありました。それが文化一〇年（一八一三）のことです。

　当時の興行形態は、晴天一〇日（安永七年〈一七七八〉までは八日間）の興行でした。屋根のない野外興行でしたから、晴れた日にしかできませんでした。

『浅草寺日記』の文化一〇年正月二四日の記事を見ると、「境内相撲天気次第、二十七日太鼓廻し（触れ太鼓）、二十八日より初日の由也《なり》」とあります。しかし、雨のため二八日には相撲ははじまらず、二月一日に初日が行われました。二月一日の条《くだり》には「相撲興行初日に付検使来り、雁之間休息、茶・煙草《たばこ》盆《ぼん》・菓子出す」とあり、寺社奉行所の検使役人が来寺し、浅草寺側で彼らを接待しています。

二月二日晴天につき二日目興行、三日・四日（雨）・五日は休み、六日もみぞれ混じりの雨で休場となりました。三日目の興行は二月八日でした。四日目は一一日、五日目は一四日、六日目は一九日、以後一か月近く休み、七日目は翌三月一三日、八日目は一六日、九日目は一七日、千《せん》秋楽《しゅうらく》は一八日でした。三月一八日は浅草寺の観音さまが隅田川に出現したという、浅草寺の大切な縁日《えんにち》でした。晴天一〇日の予定が、足かけ三か月にも及びました。

この浅草寺場所は、勧進元《かんじんもと》が柏戸《かしわど》宗五郎、差添《さしぞい》が玉垣額之助で、前年に隠退したこの両大関の引退披露を兼ねた興行でした。東方の大関は鬼面山《きめんやま》与一《いち》右衛門《えもん》、関脇は大岬《おおみさき》丈《じょう》右衛門《えもん》、小結は緋《ひ》緘力弥《おどしりきや》、西方の大関は白川志《しらかわし》賀《が》右衛門《えもん》、関脇は真鶴政吉《まなづるまさきち》、小結は錦木塚五郎《にしきぎつかごろう》でした。ところが肝心の鬼面山・大岬・錦木が全休しましたので、いささか盛り上がりに欠ける場所でした。

しかし、浅草寺の別当を兼帯する寛永寺の宮様舜仁《しゅんにん》法親王がこの相撲を御覧になりたいとの所望《しょもう》により、場所を休みにして二月一〇日に本坊で上覧相撲が行われました。

当日午前中は、力士の土俵入りがあり、四〇組の取り組みが行われ、食事のためいったん休止となりました。食事は宮様から力士に赤飯と煮染《にし》めが下され、惣人数二〇〇人、一人前五合、赤飯一石、東方・西方へ三桶《おけ》ずつが下されました。

食事後、午後にはまた四〇組の取り組みがあり、宮様はご機嫌よく還御《かんぎょ》されました。力士たちにとっては名誉な場所でした。

なお、江戸後期における浅草寺での本場所は一回だけでしたが、稽古相撲（花相撲）は何回か行われています。

（「粋に楽しく 江戸ケーション」第八三回）

相撲の決まり手

大入り満員が続く大相撲《おおずもう》の九月場所（二〇一五年）、場内の風景が少し変わりました。東西取り組みの電光掲示板が明るくなりました。とくに、決まり手がはっきり読めるようになったことです。

そもそも江戸時代の大相撲興行においては、「勝負付け」といって取り組みの勝ち負けは記録しましたが、「勝負之手」（決まり手）については、ほとんど記録されたことはありませんでした。おそらく相撲は、技の連続のなかで勝負がつくので、両者が次々と繰り出す動きの速い技の、どの技が勝負を決めたのかは、見る人それぞれの位置や角度によって異なる可能性がありました。とくに、もつれた相撲は、今日のようなビデオの連続分解写真でも見ぬ限り、決まり手を見極めることは非常に難しかったと思います。

したがって明治一四年（一八八一）に、『東京横浜毎日新聞』が、決まり手を掲載した事例はありますが、日本相撲協会が「勝負付け」に決まり手を記載するようになったのは、ずっとあとの大正一四年（一九二五）からのことでした。それも内部発表にとどまり、広く世間に公表するようになったのは、その三〇年後の昭和三一年（一九五六）からです。

なお相撲協会が制定した決まり手の数は、昭和三〇年に六八手、次いで昭和三五年からは七〇手、さらに平成一三年（二〇〇一）から新たに一二種追加して八二手とし、現在に至っています。

先ほど江戸時代の大相撲興行は、決まり手を記録していなかったことを指摘しましたが、じつは例外として七回にわたる将軍上覧相撲に限り、決まり手が記録されました。一一代将軍家斉《いえなり》の寛政三年（一七九一）、同六年、享和二年（一八〇二）、文政六年（一八二三）、同一三年、および一二代将軍家慶《いえよし》の天保一四年（一八四三）、嘉永二年（一八四九）の上覧相撲の七回分の決まり手です。

なぜ上覧相撲のみ、決まり手の記録が残ったのでしょうか。

それは、初めての上覧相撲の寛政三年のことでした。大関同士の結びの一番は、立ち会いに谷風が小野川に突っかけたところ、小野川は待ったの様子で立ちませんでした。行司《ぎょうじ》はさっと谷風に軍配《ぐんばい》を上げました。勝負があまりにもあっけなかったので、将軍から何という手で谷風が勝ったのか、御下問《ごかもん》があったのです。答えは谷風の「先《せん》の強み」、小野川は「後《ご》の弱み」にて小野川の負けにした、と説明がありました。将軍家斉は、この結びの一番だけではなく、すべての取り組みの決まり手を知りたかったようです。以後、上覧相撲のたびごとに決まり手の書上《かきあげ》を提出することが慣例化されました。

七回分の決まり手を集計すると、決まり手は全部で一八五手もありました。そのうち決まり手の回数がいちばん多かったのが「押し出し」、次いで第二位は「上手《うわて》投げ」、第三位が「寄り身」、第四位は「持ち出し」、第五位は「下手《したて》投げ」でした。

ちなみに現在の九月場所での幕内力士の決まり手第一位は「寄り切り」、第二位は「押し出し」、第三位は「叩《はた》き込み」、第四位は「突き落とし」、第五位は「突き出し」でした。江戸時代と比べて「上手投げ」や「下手投げ」といった投げの技がベストファイブにみられないのが特徴です。

（「粋に楽しく 江戸ケーション」第七九回）

甦ってきた大相撲ブーム

五月（二〇一五年）の東京夏場所は、連日「満員御礼」の垂れ幕が下がりました。七月の名古屋場所も連日満員でした。どうやら久しぶりに大相撲《おおずもう》ブームが甦《よみがえ》ってきたようです。

その理由として、さまざまな不祥事に対する反省のもと、その正常化に努めた日本相撲協会や各部屋の親方たちの努力、あるいは魅力ある力士の台頭と、取り組みの充実化、などが挙げられます。

そのほか注目すべきは、若い女性の相撲ファンが多くなったことです。「イケメン」力士への応援だけでなく、イケメンでなくても、力士の所作を「カワイイ！」と好もしく思う女性が増えてきたのです。

近年は、伝統的な文化の世界に関心を寄せる若い女性が目立つようになりました。歴史大好きな「歴女」、刀剣大好きな「刀剣女子」、お城大好きな「城女」などです。また相撲大好きな女性たちも、そうした流れの一環といえましょう。

このようにブームが甦ってきた理由はいろいろ考えられますが、その大きな背景として、二〇二〇年の東京オリンピック・パラリンピックに向けて、和の伝統文化を国の内外に情報発信していこうとする気運と密接な関係があると思います。

江戸時代以来の伝統的な興行である大相撲は、単なるスポーツではなく、和の伝統文化の一翼

上段の桟敷では、熱狂のあまり着物を投げ込む投げ纏頭（ばな）を描く。下段の地取とは、稽古のこと。歌川国郷画『江戸両国回向院大相撲之図　桟敷・取組・地取図』安政３年(1856)国立国会図書館蔵

を担っているからです。力士は江戸時代以来の伝統的な髷《まげ》を結って、まわし一つの裸で取り組んでいます。行司《ぎょうじ》は古式ゆかしい装束で軍配《ぐんばい》を持ってさばいています。五人の審判員も揃《そろ》って紋付羽織・袴《はかま》スタイルです。

歌舞伎は、舞台で江戸時代を演じていますが、大相撲は歌舞伎以上に、江戸の伝統文化を前述したように随所に演出して見せてくれます。華麗な横綱土俵入りもそのひとつです。

われわれが相撲を観にいく

とき、スポーツ観戦という立場から贔屓《ひいき》の力士の勝ち負けに一喜一憂しながらも、まさに歌舞伎観劇に通じる江戸文化の鑑賞という面も同様に享受《きょうじゅ》していると思います。

ブームが確たるものとして一定期間続くと、黄金時代といいます。大相撲の歴史のうえで、第一回のブームが起き、それが第一次黄金時代と呼ばれるにふさわしい時代は、私の考えでは江戸時代も中期を過ぎた天明・寛政期（一七八一～一八〇一）で、谷風梶之助《たにかぜかじのすけ》と小野川喜三郎の両大関が熱戦を繰り広げたときです。小野川は谷風の六四連勝を阻止するなど、両者は好敵手でした。

次いで第二次黄金時代は、明治四二年（一九〇九）に両国に国技館ができた前後で、常陸山谷右衛門《ひたちやま》と梅ヶ谷藤太郎（二代）の両雄が活躍した時代です。さらに第三次黄金時代は、双葉山定次《ふたばやまさだじ》が六九連勝を成し遂げた昭和一〇年代で、日本が太平洋戦争に突入する直前までの時代です。

戦後は、昭和三〇年代の栃錦と若乃花（初代）の栃若時代が第四次、さらに近くは、二〇年ほど前の若乃花（三代）と貴乃花という兄弟横綱が活躍した若貴ブーム、これを第五次黄金時代と呼んでもよいでしょう。

さて、現在のブームが、真に第六次黄金時代と呼ぶにふさわしい時代になるかどうかは、横綱以下の全力士が相撲道（礼節）をしっかりと身につけるかどうかにかかっていると思います。礼節こそ和の伝統文化の真髄《しんずい》だからです。

（「粋に楽しく 江戸ケーション」第七七回）

「稽古」と「練習」の違いは

一般に、相撲《すもう》を「練習する」とはいいません。相撲は「稽古する」といいます。そういえば茶道も華道も書道も練習ではなく、稽古といいますね。三味線《しゃみせん》や長唄などの邦楽も稽古です。

こうした江戸時代以来、あるいはそれ以前からの伝統的な遊芸の世界だけでなく、近代以前の武術の世界でも、剣道や弓道や馬術は稽古といいます。

そしてこれらを習うところは練習場ではなく、稽古場《けいこば》とか道場といいます。

しかし近代に入って成立した、あるいは日本に導入された野球やサッカーなどのスポーツは、ほとんどが日本に従来あった稽古という言葉を用いず、トレーニングに近い日本語の練習という言葉を使用しています。

では練習と稽古とでは、どのようにその意味が違うのでしょうか。例によって国語辞典の『広辞苑』を見ますと、練習とは「学問又は遊芸などを練り習うこと」とあります。一方、稽古とは「昔の物事を考えること」とあります。

事実、稽という字は「考える」という意味で、古は「昔のこと」という意味です。つまり歴史を考えるというのが稽古です。どうやら練習よりは、もっと深い意味が稽古にはありそうです。

そこで、さらに詳しい国語辞典の『日本国語大辞典』を見てみますと、練習とは「学問や技芸を繰り返し学習する事」とあって、前記の辞典と大差ありません。

しかし稽古については「古事を考えて、物事のかつてあったあり方とこれからあるべき姿とを正確に知ること」と、一歩踏み込んだ説明をしています。まさに故《ふる》きを温《たず》ね新しきを知るという「温故知新」そのものが稽古なのです。

練習という言葉には、この歴史（伝統）に学ぶという考えが挿入されていません。近代において、すでに伝統的な技芸であったか否か、の違いと思われます。

ここで話題を相撲の稽古にしぼることにしましょう。稽古とは、ただ無目的に練習を繰り返すというのではありません。何を繰り返し練習するのか。それは長い歴史に培われてきた相撲の基本技《わざ》を知り、まずそれを繰り返し繰り返し身につけるために努力をすることです。基本技をしっかり身につけずに、やたらに変化に富んだ実践応用の練習をしても、それは本当の意味での稽古にはなりません。

では相撲の基本技とは何か。それは江戸時代に成立した「押し」「寄り」「突き（当時は刎《は》ねといった）」の三つです。その伝統が今日では「四股《しこ》」「鉄砲」「すり足」の三つの基本に集約されています。

この三つを何千回でも繰り返し繰り返し身につける稽古をすれば、つまり伝統をしっかり体にしみこませれば、必ずやその力士なりの新たな鉄壁《てっぺき》の型が生まれるに相違ありません。伝統をきちんと体得してこそ、新たな創造が生まれるというのです。

これは、昭和の大横綱大鵬幸喜《たいほうこうき》さんが、晩年に繰り返し私に伝えてくださった言葉です。

（「粋に楽しく 江戸ケーション」第七一回）

エンブレムのデザインは市松模様

いろいろ紆余曲折《うよきよくせつ》はありましたが、東京二〇二〇オリンピック・パラリンピック大会のエンブレムが「組市松紋《くみいちまつもん》」に決まりました。

公式発表によれば、「歴史的に世界中で愛され、日本では江戸時代に〝市松模様《いちまつ》〟として広まったチェッカーデザインを、日本の伝統色である藍色で、粋な日本らしさを描いた」とあります。

「市松模様」とは、うれしいですね。江戸のデザインを元にしたものが採用されたのです。

そもそもその語源は、若衆方《わかしゆがた》として人気のあった佐野川《さのがわ》市松（一七二二〜六二）という役者の名から発しています。

佐野川市松は、享保末より上方《かみがた》で子役・若衆方を勤め、寛保元年（一七四一）江戸に下り、中村座で「高野《こうや》心中」に出演、小姓粂之助《こしようくめのすけ》の役が大当たり。その際に用いた袴《はかま》の石畳模様が、市松模様として流行しました。石畳とはチェックデザインで、江戸風にいえば碁盤縞《ごばんじま》の一種です。

およそ六〇年後の享和二年（一八〇二）に成立した森山孝盛の『賤《しず》のをだ巻《まき》』に、「石畳は、若衆方の佐野川市松が着たりとて、市松と云い」とあり、当時は市松模様といわず、単に「市松」といっていたようです。

さらにこの書には、佐野川市松は「ことのほか御殿《ごてん》の女中の贔屓《ひいき》したる役者なり」と、その人気ぶりが記されています。市松模様は市中のみならず、江戸城の大奥でも大いにもてはやされたと思われます。

このように当時の流行は、歌舞伎の人気役者の舞台上のデザインや色彩が発信源になることが多かったのです。

中村伝九郎が着た衣裳の「伝九郎染め」、市村亀蔵が着た「亀蔵小紋《こもん》」、嵐小六が着た「小六染め」、瀬川路考《ろこう》が着た「路考茶」など、枚挙に暇がありません。

市松模様も、これらに伍《ご》して一世を風靡《ふうび》したデザインでした。しかも着物の柄《がら》に限らず、さまざまな日常用品にも市松模様は愛用されていました。たとえば、鈴木《すずき》春信《はるのぶ》が描いた「団扇《うちわ》売り」の背負い箱は、みごとな市松模様です。

市松模様が「いき」であるのは、柄だけでなく色彩も重要な要素でした。

九鬼周造《くきしゅうぞう》の『「いき」の構造』によれば、「碁盤縞が市松模様となるのは碁盤の目が二種の異なった色彩によって交互に充塡《じゅうてん》されるからである」とあります。

それでは、模様のもつ色彩は、どのような場合に「いき」なのでしょうか。九鬼周造は、「いき」な色彩とは、「灰色、褐色、青色の三系統のいずれにか属するもの」と結論づけています。

採用されたエンブレムは、白と藍色の石畳の交差であり、まさに「いき」な日本らしさを描いています。

二〇二〇年の東京オリンピック・パラリンピックには、海外から大勢の人びとが来日するでしょう。私たちはこのエンブレムの趣旨に沿って、日本の和の伝統、とくに江戸文化の情報発信に努めたいものです。

（「粋に楽しく 江戸ケーション」第八六回）

政治を風刺した落語と歌舞伎

私の好きな落語家のひとりに八代目三笑亭可楽《さんしょうていからく》がいます。彼が得意とした『富久《とみきゅう》』という落語の枕にこんな話があります。

最近は電話一本でポンプ車が飛んでくるので、めったに大火がありません。そこで火事の夫婦が相談しています。

夫「なんだなぁ。こう消防が行き届いては、商売あがったりだなぁ。いまいましいったらありゃしねぇ。ひとつ田舎《いなか》のほうに行って、燃え上がってやろうと思うんだが、どうだろうな」

妻「それがいいよ。ほんとに。とてもこっちじゃ商売にならないから」

夫「じゃ明日、田舎へ行こうじゃないか」

それを聞いていた息子が、

「坊《ぼ》やも一緒に行くよ」

これで大火どころか、小火《ぼや》もなくなってしまいました。

じつは、火事を擬人化した話は、これよりもっと古く江戸時代からありました。有名な寛政改革期（一七八七〜九三）の世間の噂話《うわさばなし》を集めた『よしの冊子《ぞうし》』には、次のような落《おと》し咄《ばなし》があります。

当時江戸は、老中松平定信の厳しい緊縮・治安統制策により、火事も少なくなっていました。

「江戸が厳しいから、火事の居所がなく大いにこまり」、火事の連中が上方《かみがた》へでも行ってみようと、箱根の峠まで来てうしろを振り返ったら、江戸のほうがばかに明るい。「ハテナおいらが来たあとじゃぁ江戸に火事はないはずじゃが、どうしたもんだ」と言ったところ、一人の火事が「ありゃぁ火事じゃぁねへ、越中《えっちゅう》様が爪へ火をとぼしたのだ」と言いました。

咄に出てくる「爪へ火をとぼす」とは、極端な倹約ぶりをたとえて言ったことばで、「越中様」すなわち寛政改革のリーダーである松平越中守定信の極端な倹約政策を風刺しています。

歌舞伎でも落し咄と同様、時局の動向を敏感に写し取った趣向の演《だ》し物《もの》が上演されました。寛政元年（一七八九）三月に中村座で上演された『荏柄天神利生鑑《えがらのてんじんりしょうかがみ》』です。『よしの冊子』には、この芝居の様子が次のように書かれています。

松本幸四郎演じる主人公の畠山重忠《はたけやましげただ》が駕籠《かご》に乗り、大勢の家来を召し連れて出てくると、直訴《じきそ》状《じょう》を持った者が駕籠の前に現れました。すぐさま大勢の家来たちが、控えよ、控えよ、とその者を大いに叱りつけました。

すると、重忠が「駕籠の内より、訴状是《これ》へ差し出し候様にと、家来をしずめ、訴状を受け取り候へば」、観客席より、「イヨ有《あり》がたい西下《にしのまるした》（定信のこと）と誉め申し候よし」

これは、畠山重忠を松平定信に見立てたものです。重忠が直訴状を受け取る場面は、下々の意見を聞くという政治姿勢を定信に期待したものであり、さらにはそれに基づく仁政を改革政治に求めたものと解釈できるでしょう。

この演し物には、このほかに文武奨励政策を断行する堅物《かたぶつ》の重忠をもっと柔らかくしようと、大勢の女性が攻め立てますが、一向に柔らかにならない重忠を、松本幸四郎がみごとに演じました。この際、幸四郎は万事定信をモデルに演じて、観客の拍手喝采《はくしゅかっさい》を浴び、この芝居は「大当たり」でした。

当時の落語や歌舞伎には、このように社会や政治を風刺することがしばしば行われ、民衆の心を代弁していたのです。

（「粋に楽しく 江戸ケーション」第八四回）

元禄赤穂事件と「忠臣蔵」

一二月といえば、あの元禄赤穂事件の討ち入りを思い出します。この事件は、松の廊下刃傷《にんじょう》事件と吉良《きら》邸討ち入り事件という二つの事件から成り立っています。

いわゆる元禄赤穂事件をもとに創作された『仮名手本忠臣蔵』は、当たり外れの激しい歌舞伎の世界にあって、上演すれば必ず大入りが期待できる人気の演目であった。葛飾北斎画『仮名手本忠臣蔵　十一段目』国立国会図書館蔵

まず元禄一四年（一七〇一）三月一四日に、赤穂藩主浅野《あさの》内匠頭《たくみのかみ》長矩《ながのり》が江戸城松の廊下で高家《こうけ》筆頭の吉良《きら》上野介《こうずけのすけ》義央《よしひさ》に斬りかかり、長矩は即日切腹、浅野家はお家断絶、家臣たちは浪人となりました。一方の吉良にはなんのお咎《とが》めもなく、「疵《きず》の療養をしっかりするように」との将軍の励ましの言葉を受けました。

そして翌一五年一二月一四日の深夜、大石内蔵助良雄《おおいしくらのすけよしお》をはじめとする赤穂浪士四七人が、本所の吉良邸に討ち入り義央を殺害、主君の仇《あだ》をとりました。

幕府は、途中から姿を消した足軽《あしがる》の寺坂吉右衛門を除く四六人を、四つの藩の江戸藩邸に分散して預け、彼らの処分について議論した結果、翌一六年二月四日、全員に切腹を命じました。二年間近くに及んだ赤穂事件は、これにて一件落着しました。

この実際に起きた赤穂事件を元ネタとしたお芝居（人形浄瑠璃《じょうるり》や歌舞伎）が次々に上演され、奇《く》しくも討ち入りから四七年目の寛延元年（一七四八）に、その集大成ともいわれる『仮名手本《かなでほん》忠臣蔵』がつくられ、以後、集客力抜群の演目として絶大な人気を博してきました。

外題《げだい》の『仮名手本忠臣蔵』は、仮名のいろは四七文字で四十七士を連想させ、忠義の臣の手本となるような四七人の義士たちの多彩な物語を蔵に集めたお芝居といった意味です。

このお芝居のスターは家老の大星由良之助《おおぼしゆらのすけ》（史実は大石内蔵助）です。山科《やましな》閑居の場や討ち入りの場や切腹の場などで、彼は大人物として描かれています。今日、私たちが思い描く大石内蔵助の人物像は、この「忠臣蔵」の大星由良之助像に影響を受けるところ大のような気がしてなりません。

赤穂事件の一〇年ほど前に、大名や家老の評判を記した『土芥寇讎記《どかいこうしゅうき》』という書があります。この書によれば、赤穂藩の家老の大石内蔵助と藤井又左衛門の評判は、

若年の主君長矩が女色に耽《ふけ》っているのを諫《いさ》めることもしない家老は不忠の臣であり、そんな家老が行う政道は覚束《おぼつか》ないものである

と手厳しいものでした。
大石も二年に及ぶ赤穂事件という困難な状況のなかで成長していったものと思われます。しかし切腹の時期においても、決して世間から注目されるほどの大人物ではありませんでした。熊本藩邸で大石の切腹の場に立ち会った人が描いた図が先年発見されましたが、切腹した首のない大石の遺体がみじめな形で描かれています。そこからは尊厳も何も感じられません。
後年に描かれた図は、今まさに切腹しようとする大石が威厳をもって描かれており、明らかに「忠臣蔵」の大星由良之助像の影響をうかがうことができます。史実の赤穂事件とお芝居の「忠臣蔵」とは、似て非なるもののようです。

（「粋に楽しく 江戸ケーション」第一〇四回）

江戸の小型快速線「押送船」

葛飾北斎の『冨嶽三十六景 神奈川沖浪裏《かながわおきなみうら》』は、多くの人びとに親しまれている名画のひとつといってよいでしょう。

『富嶽三十六景』シリーズといえば、いずれも大胆な構図が人気の的となっていますが、この『神奈川沖浪裏』も、前景にドーンと大きな波浪を描き、その波のあいだから遠くの富士山が小さく見えます。とくに大きな波浪が崩れ落ちる瞬間の飛沫《ひまつ》のダイナミズムやその迫力ある構図が、たまらない魅力です。

しかもその迫力を、さらに増しているのが風浪に翻弄《ほんろう》されているかに見える三隻の小さな船です。いまにも波に呑み込まれて、あわや沈没寸前。仮にこの船が人を運ぶ乗り合い船だとしたら、きわめて緊迫した場面といえましょう。しかし、船上の人の顔をよく見ると、たしかに緊迫したシーンですが、恐怖におののき、「助けてくれ!」と叫んでいる顔には見えません。

ではいったい、この船は何ものなのでしょうか。『神奈川沖浪裏』が、日本の和文化を代表するひとつとして世界的に有名になった今日、そこに描かれた重要な画材のこの船にも外国の人びとが注目するようになりました。

じつはこの船は「押送船《おしおくりぶね》」と呼ばれた形態の船で、「押送」と略称され、地域によっては、「おしょくりぶね」ともいわれました。

なお江戸時代には、「船」と「舟」が混用されていましたので、引用資料に舟とあっても、本文では船に統一しました。

前田勇編『江戸語の辞典』の「押送」の項を見ますと、「押送舟の略。帆《ほ》を用いず順風逆風をかまわず数挺《すうちょう》の艪《ろ》を押して急行する舟。江戸には漁場から生鮮魚を運び込むために漕《こ》いで来る」とあります。

つまり押送船は帆に頼らず、数人が櫓《ろ》を押して船を前に進める船で、おもに一刻《いっこく》も早く漁場から消費地に生鮮魚を運ぶ役割を担っていた快速船でした。江戸っ子は、房総や相模《さがみ》・伊豆からの押送船のおかげで、新鮮な魚を堪能《たんのう》していたのです。

また、江戸時代の『船鏡』の「押送船」の項には、「生魚舟」とも称し、船の長さは大きいもので四丈六尺（約一三・八メートル）、横幅は九尺（約二・七メートル）。船首に「水押《みずおし》」という尖《とが》った部分があり、波を切りやすくする頑丈な構造になっているとあります。あの大浪も、この船にとっては想定内のことだったのです。

小型船ながらこの優れた凌波性《りょうはせい》と、時化《しけ》をも厭《いと》わず外海を突き進む快速性が、この船の特徴でした。世界の人びとも、その背景にある和船の高度な造船技術と操船術に驚いています。

二〇二〇年のオリンピック・パラリンピックを迎えるに当たって、和文化情報発信の新たな分野でのスターが誕生しそうな気配です。

（「粋に楽しく 江戸ケーション」第一二二回）

コラム

斎藤ますみ×竹内　誠

勝負が決した瞬間、「静」へ戻り穏やかに、それが力士の美しさ

二〇一七年九月まで、相撲教習所で新弟子に「相撲史」を教える

斎藤　竹内先生は江戸文化が専門の歴史学者でいらっしゃいますが、大学教授のあと、平成二八年（二〇一六）六月まで江戸東京博物館の館長を一八年間務められ、二八年にはＮＨＫ放送文化賞も受賞されていますね。

竹内　長年ＮＨＫの時代劇の企画アドバイスや時代考証に協力した功績とのことでした。

斎藤　相撲《すもう》教習所で「相撲史」の講師になられたのには、どんなご縁があったのですか。

竹内　昭和六一年（一九八六）、恩師の西山松之助先生の推薦でなったんです。私は子どものころ場所入り姿を両国まで見にいくぐらい双葉山が大好きで、戦後の栃若時代には大きな力士を技で倒す相撲に魅了されて栃錦ファンになりました。

斎藤　六一年といえば、元栃錦の春日野理事長時代ですね。

竹内　ええ。春日野理事長はよく人の話を聴く方で、盟友若乃花に理事長職を譲るなど情に厚く、金離れもよく、潔い。

斎藤　横綱昇進と同時に引き際を考えた話は有名ですよね。新弟子さんたちには相撲史をどのように教えたのですか。

竹内　半年間、一二コマのなかで相撲の成り立ちから現在までを日本史に重ねて教えるので、その教科書もつくりました。最後は筆記試験も行うんです。

斎藤　たとえば、どんな問題を出されるのですか。

竹内　「回向院《えこういん》」や「節会《せちえ》」の読み方や意味を書かせたり。

斎藤　いい問題ですね！（笑）。

竹内　一般の人で答えられない人も多いでしょう（笑）。

斎藤　相撲人ならぜひ覚えておきたい言葉ですしね。外国人力士はどんな様子でしたか。

竹内　彼らは日本語を書けないから、試験は口頭試問で行います。授業中、曙《あけぼの》はノートに漫画を描いていたので、横綱になってからそのことを聞いたら、「まだ日本語がわからなかったので」と言っていました。

斎藤　大事な内容なので、外国人力士は日本語を理解してから受講できるといいですね。

竹内　旭鷲山《きょくしゅうざん》ら六名のモンゴル力士が初めて入ってきたときは、通訳がついていました。

斎藤　いい方法ですね。朝青龍・白鵬世代はどうでしたか。

竹内　私は昭和六一年四月から平成一九年九月まで講師を務めましたが、途中大学が忙しくなって一〇年間ほど民俗学者の桜井徳太郎先生にお願いした期間があるんです。曙、武蔵丸、旭天鵬、旭鷲山などの外国人力士はよく覚えていますが、朝青龍や白鵬は担当していません。今は高校から相撲留学して日本語を覚えて入門する人が多いですね。

日本の相撲特有の「土俵」で「静・動・静」の美を追求

斎藤　日本の相撲の特性は、どのあたりにありますか。

竹内　世界中の相撲に似た競技との決定的な違いは「土俵」の存在です。古代から相撲の技は相手を倒す「投げ、反り、ひねり、掛け」の四つが基本でした。それが江戸時代に入って元禄の少し前に「土俵」という結界ができたので、「寄り、押し、突き」の三つの基本技が加わった。すると、「寄り切り、うっちゃり、吊《つ》り出し」など決まり手が複雑化していき、小さい力士が大きい力士に勝つチャンスが出てきた。見る側もこれほどスリリングでおもしろいものはないから、興行として成立したんですね。

斎藤　「土俵」が生み出された背景には、何があるのですか。

竹内　相撲の起源は天下泰平・五穀豊穣《ごこくほうじょう》を祈願する神事です。神様に奉納するには「聖なる空間」

の結界が必要となり、土俵の「勝負俵」「角俵」「四本柱《しほん》」などができたんです。それで力士は、聖域である「土俵」に入るとき、口を漱《すす》ぎ、塩で身を清めているんですね。

斎藤 神事を理解すれば、土俵上の所作も変わりそうですね。

竹内 ええ。日本人は「静・動・静」の流れを快く思うんです。勝負前に落ち着きのない力士が増えたなか、白鵬の控えの「静」は美しいですね。

斎藤 土俵上の勝負における「動」はいかがですか。

竹内 白鵬の「張り差し、かち上げ」は品がないですね。張り差しは前田山の突っ張りのような張り手ではなく、耳を引っぱたくからクラクラする。かち上げも肘鉄ですから相手はたまったもんじゃない。ある時期から相撲が荒くなってきましたね。相撲はただ勝てばいいというものじゃない。観客は堂々たる横綱相撲を期待しているんです。

斎藤 相撲が変わるきっかけは、何かあったのでしょうか。

竹内 白鵬は「お父さん」と慕っていた大鵬の優勝回数を超え、双葉山をめざした時期があって、必死に「後の先」を研究して一度は試みたけど、自分じゃできないとあきらめた。そのころから控えでの目線も土俵上の力士の動きを追うようになったんです。自分の相撲を追求するより相手を気にするようになったのでしょう。

斎藤 先生がご覧になる席からは控えの様子も見えますか。

竹内　はい。正面一列目の維持員席なので、よく見えます。
斎藤　勝負後の「静」についてはいかがでしょうか。
竹内　ダメを押すとか賞金をぶん回すのは問題ですね。「動」から「静」に戻れていない。勝負が決した瞬間、「静」に戻り、穏やかになる。これ、じつは「武士道」なんですよ。

「神への祈り」「武士道精神」「粋の美学」が相撲道に融合

竹内　武士が真剣勝負で相手をあやめたら、仏になった相手をすぐに弔う。その精神は、大衆戦の足軽《あしがる》の世界ではなく、鎌倉武士の大将同士の戦いで生まれたものです。
斎藤　それが江戸時代には、どう変化するのですか。
竹内　江戸三大娯楽の「相撲、歌舞伎、吉原」に「野暮《やぼ》」はなく、「粋《いき》」という美学があり、見世物としての側面が出てきた相撲は様式美も整えられた。
斎藤　明治以降はどうですか。
竹内　歌舞伎役者は断髪《だんぱつ》したけど、力士だけが裸でちょん髷《まげ》のまま今に至っている。それがもし審判が蝶《ちょう》ネクタイに白手袋、力士も土俵上だけ髷のかつらで出てきたら、一万円払って見にいきますか（笑）。現代の大相撲は真剣勝負だけでなく江戸文化の様式美にも価値を見いだしたから、お客さんが来てくれるんです。

斎藤　そうすると、相撲道は「神への祈りの心」「武士道の敗者への思いやり」「江戸の美学の粋」など、すべての精神が融合されたものなのですね。

竹内　そうです。だから角界人は、人さまを不愉快な気持ちにさせない言動、身なり、髪型、衣服や柄などを意識してきたし、その根本には「他者への思いやり」があるんです。

斎藤　まさに「礼節」ですね。

竹内　ええ。二子山親方（元、大関貴ノ花）は、自分の弟子が教習所に入ると必ず「うちの部屋の者がお世話になります」と挨拶にみえる。礼節のしっかりした立派な方でした。

斎藤　今後ですが、教習所はどうあるべきでしょうか。

竹内　相撲の技だけでなく、礼節を徹底的に教育することです。ただし、いくら新弟子に教えても、部屋に帰って兄弟子がばくち好きだったりしたら、まともになりませんよね。部屋に責任をもつ親方の研修も必要でしょう。とにかくいろんな外部の先生を呼んで、世間の常識が通じる人材を育てる必要があります。

斎藤　企業や公的機関と同様に、心構えを再確認する「入門五年目研修」や、関取になった力士が社会常識や付け人への接し方を学ぶ「新十両研修」などもあるといいですね。きょうは、時代時代のよい伝統をすべてミックスしながら最強の形につくり上げてきたのが大相撲の歴史だとわかり、明るい展望が開けました。

竹内　ラジオの相撲放送がはじまると仕切り制限時間を設け、テレビ中継がはじまると伝統の「四本柱」を外して「四房《しぶさ》」にその精神を残したのですから、すばらしい知恵と柔軟性ですよね。今後も外部の声を聴きながら、伝統と創造の精神をもってさらに相撲道を発展させていってほしいです。

斎藤　本当ですね。貴重なお話、ありがとうございました。

（エグゼクティブ対談　第十回『大相撲中継』二〇一八年二月号）

Profile
斎藤ますみ（聞き手・構成）
大相撲を考える会主宰。平成６年より４年間、日本相撲甚句会で機関紙を発行。本業はリーダーズプロジェクト代表取締役。セカンドキャリア支援研修を手がけ、プロ野球界では話し方研修を実施。著書に『転職は元力士に学びなさい』などがある。

第八章 ◆ 江戸学事始め——私の履歴書

八月一五日の青空——私の人間形成の原点

今（二〇一九年）から七四年前の八月一五日の空は、底抜けに青かったと記憶しております。昭和二〇年（一九四五）のこの日、日本が戦争に負けたのです。

当日は、ラジオで玉音放送《ぎょくおん》（天皇の言葉）がありました。電波の関係からか、ザーザーと雑音が入り、聞き取りにくいものでした。ポツダム宣言受諾といっても、ポツダムなど今まで聞いたことがありませんでしたし、子どもには、勝ったのか負けたのか判然としませんでした。

そしてむしろ、放送のなかにあった「堪えがたきを堪え、忍びがたきを忍び」という言葉が強く印象に残りました。これからも勝利に向かって頑張ろう、という意味に受け止めるのは、ごく自然のことでした。

放送が終わって私が家の前の通りに出ると、近所の友達がすでに何人か集まっていました。

「ホーホー、勝ったんかっちゃ」

「イヤアー、負けたらしい」

「おらっちのもんも、そうせってた」

私は一瞬、空を見上げました。そのときの青空は、雲もなく、風もなく、音もせず、匂いもせず、「カラーン……」と乾き切った無機質な空でした。

なおその際、これで明日から空襲がなくなり、平和になるなどという感慨は、その一片のかけらも私の頭の中をよぎることはありませんでした。

しばらくして「モーへエー、勝ったアメリカじゃァ今っこん提灯《ちょうちん》行列じゃ」と、誰かがつぶやきました。これを耳にした私は、ハッと我にかえり、もう一度青空を見上げました。

今度は、雲がわいている。風が吹いている。真夏の湿気がはらんでいる。音がする。匂いさえする。騒がしいセミの声までもが聞こえてくるではありませんか。

すべては昭和二〇年八月一五日のことでした。

そのとき、私は小学六年生。満一一歳。長野県埴科《はにしな》郡埴生《はにゅう》村（現、千曲《ちくま》市）の親戚に縁故疎開《そかい》していた際の体験談です。

この日を境に、日本の勝利を信じてきた軍国少年が、先行き不透明ながらやがて民主国家建設の中核となるべき民主少年へと、変貌を余儀なくされることとなります。

そしてこの二つの矛盾した少年像は、どこかでぶつかり、よじれ、きしむ。お国のために命を捧《ささ》げよ、と叫んでいた大人たちが、今度は民主主義を説きはじめました。信用しろというほうが無理でした。ましてや「大本営発表」といって、多くのフェイクニュースを流しつづけてきた国家権力への信頼度など零《ゼロ》に等しいものでした。

私の人間形成の原点には、あの八月一五日の青空があったような気がしてなりません。

（「粋に楽しく 江戸ケーション」第一二四回）

土に返るものをつくろう

鉄道の旅の楽しみのひとつは駅弁です。私には、駅弁を食べる際に長年身についてしまったしぐさがあります。

駅弁の上蓋《うわぶた》についた十数粒の飯粒《めしつぶ》を、きれいに食べてからでないと、本体をほおばることができないのです。それは私だけでなく、少年時代が戦中・戦後の食糧難時代と重なる世代（八〇歳代）の人たちに、飽食《ほうしょく》の今でもしばしば見かける光景です。

そのうえお米などの穀類や野菜・果物《くだもの》といった農作物が、農民の汗水《あせみず》の結晶であることを、直接見たり体験したりしたことも、あのしぐさの土壌になっています。

私どもの世代は、アメリカによる東京空襲の難を避けるため、「学童疎開《がくどうそかい》」といって、地方への移住を半ば強制された世代です。

それまで、お米（そのほかの農産物）がどのようにつくられるのか、ほとんど知らなかった都会の子が、移住先の地域々々で、そのことを見たり体験したりしたのです。

そこに当然、お米に代表される農産物一つひとつが、いかに貴重なものであるか、たとえ一粒たりとも食べ残したり捨てたりするのは「もったいない」という思いが、心に深く刻まれました。

戦時中、ほとんどの成人男子は兵隊として戦地に赴いていたので、村での農作業は、高齢者・女性・子どもたちが担っていました。そこで地元の小学校では、とくに夫や息子が戦死した農家（英霊《えいれい》農家）に小学生を派遣して、農作業の手伝い（勤労奉仕）をさせました。

疎開中の私も一年近くこれに参加、稲と麦の二毛作の土地柄でしたので、麦踏み、麦刈り、田植え、田の草取り、稲刈りといった体験をさせてもらいました。

田の草取りの際、足に何匹ものヒルが吸いついて血が流れたこと、収穫した麦わらをかつぐと、素肌に触れた首筋のあたりがひどくかゆくなったこと、刈り入れのときの束《たば》の握り方や鎌のひき方、さらには鎌の刃の研《と》ぎ方まで教えてもらったこと、年に一度の用水浚《ざら》いは、用水の水を落として堀底の泥を浚うのですが、鯉《こい》や鮒《ふな》やどじょうなどが捕れ、子どもたちが大はしゃぎしたことなど、今でも次々と思い出されます。

これら私の体験は、ごく表面的なものだったでしょうが、都会育ちの少年にとっては、新鮮なことばかりでした。そして地方の人びとは、豊かな自然の恵みをいっぱいに享受《きょうじゅ》し、「水」と「土」とを大切に管理している姿をかいま見ることができました。

思い起こせば、私の都市江戸研究の基底に、あの戦時中の原体験が無意識のうちに投影されてきたような気がします。たとえば、都市における「人と自然との共生」といった研究テーマを、絶えず掲げてきました。

飛鳥山《あすかやま》を桜の名所にするとともに、町おこしにも役立てようとした八代将軍吉宗の公園政策の分析などは、その好例です。

やがて飛鳥山では、盃《さかずき》の形をした素焼《すや》きの「土器投《かわらけ》げ」が流行。その土器は、山下の田畑を荒らさぬよう、水にすぐ溶けるものでした。

いずれにせよ、江戸の製品はすべて土に返るものばかりです。土に返らないものを大量生産・大量消費・大量放棄している現代、自然とやさしく共生していた江戸から学ぶべきことが多いのではないでしょうか。

（「粋に楽しく　江戸ケーション」第一二六回）

上野の西郷さんの銅像と私

明治三一年（一八九八）、上野に建てられた西郷隆盛の銅像は、上野のお山が江戸以来の桜の名所ということもあって、今でも東京の観光名所として全国から大勢の人が訪れています。

この間、東京の人びとは二度、三度にわたって上野の西郷さんの銅像に救われました。

一回目は大正一二年（一九二三）九月一日の関東大震災の折です。マグニチュード七強という地震で家が倒壊し、それに火がついて東京中が火の海と化し、多くの人びとは命からがら広い上野公園へと避難しました。公園は立錐《りっすい》の余地もないほどで、二〇万人以上の人が殺到したといわれています。

じつはこのとき、下町に住んでいた私の両親も焼け出され、炎火に追われて一目散《いちもくさん》に上野へと逃げたそうです。私は生まれる以前の話ですので、のちに「なぜ上野へ？」と両親に聞いたところ、避難に適した広い公園だということに加えて、「知り合いの安否を知るには、西郷さんの銅像のあたりに行けば、なんらかの情報をもっている人に逢《あ》えるかもしれない、と思っていたからだ」と答えてくれました。日ごろ人が集まるところには情報も集まり、まさかのときにも、それが期待されたのです。事実、西郷さんの銅像には、このとき尋ね人を探す貼り紙がたくさん貼られ、家族・親戚・知人との連絡を求める人びとに利用されました。

まだラジオ放送のない時代です。情報はあやふやで、人の噂《うわさ》が頼りの時代でした。そうしたなかで、尋ね人の貼り紙は、かなり有力な情報獲得の手段でした。

二回目は昭和二〇年（一九四五）三月一〇日の東京大空襲のときです。この日、東京の大半は焦土《しょうど》と化し、たくさんの犠牲者が出ました。このときも戦災で親を探す子ども、子どもを探す親、親戚・知人の安否を気遣う人などによる尋ね人の貼り紙が、西郷さんの銅像にたくさん貼られました。やがて同年八月一五日、戦争は終わりましたが、終戦直後の混乱により、銅像への貼り紙は増えこそすれ、決して減ることはありませんでした。

情報集散地としての西郷さんの銅像の、三回目の活躍です。小学六年生の私は同年末に、縁故疎開《そかい》先の長野県から帰京（不思議なことに私の家の周辺の一画は戦災から免れました）、翌昭和二一年四月から上野の山にある旧制上野中学校に通いはじめました。

通学路ですから、当然のことながら西郷さんの銅像に尋ね人の貼り紙がたくさん貼られている悲しい姿を、しばしば実見しました。親を失った戦災孤児や、焼け出されて住むところを失った大人や子どもたちが、夜や雨の日は上野の駅前の地下道に、昼間はお山の西郷さんの銅像付近に身を寄せ合っていました。戦争の不条理さを凝縮したような上野の光景でした。

あの銅像がふだん着の着流し姿の西郷さんで、つくづくよかったと思います。戦後、ＧＨＱの軍国主義一掃政策により、いかめしい軍服・軍馬姿の銅像は強制的に撤去させられました。しかし毅然《きぜん》としていながらも恩愛あふれる庶民的なこの銅像は、撤去されることなく今日も上野のお山に建っています。
そこには、銅像の制作者である高村光雲《たかむらこううん》の江戸下町生まれの精神が脈々と流れているような気がしてなりません。

（「粋に楽しく 江戸ケーション」第一〇一回）

「ひ」と「し」の江戸弁

式亭三馬《しきていさんば》の『浮世風呂』二編（文化七年〈一八一〇〉刊）に、上方筋《かみがた》の女と江戸女とが上方ことばと江戸ことばとの優劣をたたかわせている場面があります。

上方の者が、「そうだから」「こうだから」と江戸者がやたらに使う「から」言葉を非難すれば、江戸の者が「そうじゃさかい」「こうじゃさかい」と上方者がやたらに使う「さかい」言葉に難癖をつけています。

この両者のやりとりはさらに続きますが、上方者が江戸では百《ひやく》を「シャク」と言う者が多いと指摘しているくだりを読んで、ふと私自身の子どものころの訛《なま》り言葉を思い出しました。

東京生まれの私は当然東京弁、しかも下町生まれでしたので、東京弁というより江戸弁に近い言葉だったと思います。

ところが戦争が激化した昭和一九年（一九四四）、当時小学五年生だった私は両親の故郷である長野県の親戚の家に疎開《そかい》しました。そこで、強烈な異文化ショックを受けました。都会と農村での暮らしの違いはもちろんですが、とくにショックを受けたのは言葉づかいでした。

それまでは百は「シャク」、火鉢は「シバチ」、朝日新聞は「アサシヒンブン」、「夕日が沈む」は「ユウシガヒズム」などなど、「ひ」と「し」を逆転して発音していました。しかも、東京にいたときは誰からも指摘されませんでした。

疎開先の小学校に通いはじめて間もなくのこと、国語の時間に私は教科書を声に出して読むよう先生に言われました。ところが「東」という字のところで、先生は私に何度も読み直させたうえ、それは「シガヒ」ではなく「ヒガシ」と読むのだと注意されました。

私は顔面真っ赤になり、体中に冷や汗が流れました。さっそくクラスの友達は私のあだ名を「シガヒ」と命名してくれました。東京から転入してきた「疎開っぽ」への強烈なプレッシャーでした。おかげで必死になって修正に努め、一年半後、戦争が終わってしばらくして東京に戻るころには、東京訛りがほとんど解消されていました。

現在では、「ひ」を「シ」、「し」を「ヒ」と発音することはほとんどなくなりましたが、今でも「品」という字を見ると音読みの「ヒン」と、訓読みの「シナ」が交錯するため、地名の「品川」を、「シナガワ」と口に出すまでにやや時間がかかっています。

ただし、私は子どものころから不思議なことに、質屋のことを「ヒチヤ」と言わず「シチヤ」と発音していました。ところが、関西の電信柱に質屋の広告が貼ってあり、平仮名で「ひちや」と書いてあるではありませんか。数字の七も私は「シチ」と言いますが、関西では「ヒチ」と言う人が多いようです。何年か前に七をめぐって関西出身の方と論争しました。それは『浮世風呂』のシーンの再現のようでした。「ひ」と「し」の発音は、私の頭の中ではいまだにきちんと整理されていません。

（「粋に楽しく 江戸ケーション」第一〇三回）

「もうらしいノォ」――方言の大切さ

今回も少年期の体験談です。すでに前回述べましたように、戦争中の昭和一九年（一九四四）夏から一年あまり、現在の長野県千曲《ちくま》市に縁故疎開《そかい》していました。

そこでの生活は、東京とはかなり違ったもので、いちばんの異文化ショックは、その土地独特の言葉（方言）でした。

ジャンケンは「チッケッポ」、めんこは「パッチン」、赤ちゃんは「ぼこ」、僕《ぼく》（男子）は「おらァ」、私（女子）は「おれ」、「おっしゃん」はイントネーションにより、おじさんのことだったり、お寺のお坊さんのことだったりします。

言うは「せう」、サァ食べようは「食わず」、サァ行こうは「行かず」、ごめんなさいは「かんしノォ」、わけもわからない（くだらない）ことは「らちもねえこん」、これを急いでいうと「らっちょもねぇこん」と、何を言っているのかわからなくなります。

このように、方言は生活全般にわたっていましたから苦労したはずですが、子どものこととて順応性が高く、すぐに土地の言葉に溶け込んでいきました。

戦争が激しくなったころ、夫や息子を、それも何人も戦没者となった例が多くありましたが、当時は戦没者のことを「英霊《えいれい》」といい、英霊が出た家を「英霊農家」と称しました。汽車で故郷に帰還した英霊を迎える儀式が、近所の人びとが集まって、駅前でささやかに行われました。

夫や息子を失った女性は、涙ひとつ見せず、お国のために命を捧《ささ》げたわが夫、わが息子を誇りとして、けな気《げ》に振る舞っていました。

しかし葬送行列が英霊農家のお宅に着いた途端《とたん》、家の中から忍び泣きが聞こえました。すると周囲の人から、「もうらしいノォ」というつぶやきがもれてきました。それは腹の底から絞り出すような、せつないものでした。

私は「もうらしい」という言葉の意味をはっきりと理解していませんでしたが、人びとの悲しい心情は、しっかりとわが身に伝わってきました。

それは、「悲しいなァ」とか「かわいそう」といった通りいっぺんの言葉より、何十倍もの重みをもったものでした。

『日本国語大辞典』によれば「もうらしい」とは、新潟県中頸城《なかくびき》郡に残された方言で、「かわいそうである」「気の毒である」の意で用いられているとあります。千曲市に当時残されていた「もうらしい」も、その一例となりましょう。

なお、島根県鹿足《かのあし》郡の「もうらしい」は、「非常に苦しい」という意味だそうです。

現在、それまで各地に伝えられてきた、こうした貴重な方言がどんどん消えていっています。方言は地域の大切な文化財です。このまま見過ごしてよいものでしょうか。

地方再生・町おこしの原点として、まず方言文化の保存について思いを寄せたいものです。

（「粋に楽しく 江戸ケーション」第一二五回）

隅田川と水泳

海へ川へ、水泳の季節になりました。水中で泳ぐ「水泳」という言葉は、すでに江戸時代にあり、江戸以前からの「水練」と併用されていました。

江戸幕府の正史『徳川実紀』に、三代将軍家光の「正保四年（一六四七）六月、角田河《すみだがわ》に御狩（鷹狩り《たかがり》）ありて、徒士《かち》の水泳を御覧」とあります。家光が隅田川へ鷹狩りに出かけた際、供《とも》の者たちの水泳を上覧したというのです。

もちろん江戸時代の水泳は、今日のような単なる遊びの水泳ではなく、武術のひとつとして行われていました。たとえば、刀を濡《ぬ》らさぬように片手で高く持ち上げ、もう一方の手だけで泳ぐとか、立ち泳ぎをしながら鉄砲を撃つとか、戦闘のための武芸でした。

この上覧を契機に、以後、毎年夏には大川端《おおかわばた》に小屋を設け、非番の御徒組《おかちぐみ》の者たちが毎日、水泳の稽古をするようになりました（『瀬田問答』）。

また宝暦五年（一七五五）のころ、両国橋下流の元柳橋あたりで水練する武士たちがおり、さらに下流の越中島橋際《はしぎわ》では、水泳の未熟者たちが稽古をしていたそうです（『嬉遊笑覧《きゆうしょうらん》』）。

では江戸庶民は、武芸でない水泳を楽しんでいなかったのでしょうか。管見の範囲では、堀や隅田川で泳いだという史料をいまだ見たことがありません。しかし明治になると、庶民に水泳を指導する水練場が、隅田川にたくさん設けられました。指導者は江戸以来の古式泳法を体得していた旧武士が多く、プールでスピードを競う近代的なスポーツへの移行期でした。

六代目尾上《おのえ》梅幸《ばいこう》（一八七〇～一九三四）の芸談『梅の下風』には、彼の青年時代に大川端の水練場で向井流の泳ぎを習い、両国橋から飛び込んだり、ときには第三御台場まで泳いだものだと、記されています。

やがて隅田川沿岸に工場が建ち並び、人口も密集するようになると、排水による汚染が進み、またプールが各学校に設けられたりして、大正～昭和前期の隅田川は水泳とは無縁になりました。ところが敗戦直後の昭和二〇年（一九四五）末から二二年にかけて、隅田川は驚くほどきれいになりました。東京中が一面の焼け野原になり、隅田川に流れ込む工場排水も生活排水もほとんどなくなったからです。江戸・明治の隅田川もかくばかりか、と思われる澄んだ隅田川のつかの間の再現でした。

旧制中学一・二年生であった私は、夏休みになると、しばしば大川端に行って水泳を楽しみました。新大橋から飛び込みもしました。ひと泳ぎして疲れると、真夏の太陽に熱されたコンクリートの堤防（今よりずっと低かった）の上で甲羅《こうら》干し。すぐ背後にある浜町《はまちょう》公園の蟬《せみ》しぐれをいっぱいに受けながら、寝そべってボンヤリと川船の行き来を眺めていると、ここが本当に東京なのか疑いたくなるような夏の幸せを、子ども心に感じたものでした。

（「粋に楽しく 江戸ケーション」第一二三回）

清水谷孝尚貫首と『浅草寺日記』

平成二六年（二〇一四）一〇月二八日、清水谷孝尚浅草寺貫首《しみずたにこうしょうせんそうじかんす》がお亡くなりになりました。九四歳でした。

貫首とのご縁は、私がまだ大学生であった昭和三〇年（一九五五）のこと、貫首が観音巡礼の研究に関する江戸時代の古書をご覧になるため、私の恩師である東京教育大学の西山松之助先生の研究室にお出でになられた際、その研究室で初めてお会いしました。いわば学問研究をご縁としての出会いでした。

爾来《じらい》六〇年、陰に陽に並々ならぬご厚誼《こうぎ》を賜り、今日に至りました。

貫首のご研究は、西国・坂東・秩父《ちちぶ》のいわゆる百観音霊場の歴史的研究ですが、とくに従来の研究が不十分であった坂東札所《ふだしょ》研究の発展に寄与されました。

貫首は浅草寺の歴史に造詣が深いことは言うを俟《ま》ちませんが、とくに浅草寺に伝来する寺宝（文化財）の保存と公開に熱心に取り組まれました。その一つの例が、貫首の主導による『浅草寺日記』の編纂《へんさん》事業でした。

具体的には、昭和五三年に本尊示現一三五〇年の記念事業の一環として、この『浅草寺日記』刊行の一大事業がスタートしました。

そのため、貫首は昭和五〇年に一四名からなる「浅草寺日並記《ひなみき》研究会」を発足させました。メンバーは西山松之助会長をはじめ、朝倉治彦・池上彰彦・北原進・今田洋三・竹内誠・所理喜夫・芳賀登・林登志太・林玲子・比留間尚・水江漣子・宮田登・吉原健一郎でした。

この研究会は史料集『浅草寺日記』の解読と筆写、および刊行のための編纂を行い、併《あわ》せて浅草寺の歴史的研究を深める目的で、今日まで続いております。

第一巻の刊行は昭和五三年。昨平成二六年までの三六年間に、三四巻が刊行されました。歴史書の専門出版社吉川弘文館を通じて発売中です。いずれの巻もほぼ七〇〇頁前後の大冊であり、歴史学界・宗教学界をはじめ、関係諸分野の研究者らに大いに活用され、非常に高い評価を得ています。

この間、メンバーのうち一一名が亡くなり、初期のメンバーは三名のみとなり、現在は若手研究者が中心になっています。

『浅草寺日記』は江戸中期から幕末維新まで綿々と書き継がれた日々の記録ですが、ひとつの寺のこれだけ長期にわたる記録が豊富に現存している例は、きわめて稀《まれ》であり、ましてや浅草寺という有力寺院の記録だけに、内容も広汎多岐《こうはんたき》にわたっていて貴重なものです。

すなわち、浅草寺の行事はもちろんのこと、上野寛永寺や末寺との関係、寺社奉行らを介しての幕政との関連、寺領支配のあり方や門前町屋の生活実態、士庶を問わぬ熱烈な観音信仰の諸相、賽銭高《さいせんだか》の動向、頻発する江戸の火災の実状、奥山における大道芸や見世物風俗、境内《けいだい》で起きたさまざまな事件や人間模様などを明らかにしてくれる記事が随所にうかがえます。

このような貴重な『浅草寺日記』の刊行事業を推進された清水谷貫首の業績は、きわめて大きいものがあると思います。

貫首は思いやりの深い気配りの方でした。生前、「浅草寺日並記研究会」には毎回必ずご挨拶におみえになり、「お世話になります」「ご苦労さまです」と、やさしく温かいお言葉をおかけくださいました。研究会のメンバーはそのたびに元気が出て、難解な古文書の解読に精を出したものであります。

今は亡き貫首のご温顔を偲《しの》びつつ、心からご冥福をお祈り申し上げます。

（「粋に楽しく 江戸ケーション」第七〇回）

コラム

『浅草寺日記』に向き合った四〇年

――立体的な浅草寺が浮かび上がる江戸研究の一級史料

研究会の発足

昭和三〇年（一九五五）ごろ、大学生だった私は、東京教育大学（現、筑波大学）の西山松之助先生（故人）の研究室に出入りしていました。西山先生は江戸研究の第一人者です。あるとき、浅草寺《せんそうじ》の若き僧侶清水谷孝尚《しみずたにこうしょう》さん（故人）が研究室を訪ねてきました。清水谷さんはのちに浅草寺貫首《かんす》となられる方ですが、巡礼の歴史を研究されており、江戸時代の古書を閲覧するために西山先生を訪ねられたんですね。それがきっかけで、私も清水谷さんの知遇を得ることとなりました。この数珠《じゅず》は当時、清水谷さんが西山先生と私にくださったもので、今でも私は肌身離さず大切に持っています。

あるとき清水谷さんが、「じつは浅草寺に三〇ほどの史料がありまして……」とおっしゃいました。西山先生は「三〇冊くらいなら、学生を引き連れて、すぐに判読できますよ」と答えたのですが、実際に行ってみると、一箱に一〇冊ずつ入っている。それが三〇箱ですから、三〇〇冊を超える膨大な史料だということがわかったんです。これは本腰を入れなければということで、昭和五〇年に「浅草寺日並《ひなみ》記研究会」を発足させ、三年後の本尊示現《じげん》（推古天皇三六年〈六二八〉、浅草寺の本尊である聖観世音菩薩《しょうかんぜおんぼさつ》が、人びとを救うためにこの世に現れたとされる）一三五〇年に向けた記念事業の一環として、『浅草寺日記』を筆写して刊行する事業がスタートしました。

『浅草寺日記』の意義

『浅草寺日記』には、別当代《べっとうだい》が記した「日並記《ひなみき》」、役者《えんじゃ》が記した「御用記」、御納戸《おなんど》が記した「日記」に加え、途中から堂番が記した日記が加わり、この四系統が書き継がれています。「別当代」は浅草寺の副住職で、当時寛永寺の支配下にあった浅草寺の実質上の総責任者。「役者」は別当代を補佐する寺務責任者。「御納戸」は会計係、「堂番」は本堂を守る役職です。この四系統を揃《そろ》えて同じ年を見てみると、立体的な浅草寺が浮かび上がります。たとえば堂番は観音堂の様子を記録し、御納戸は賽銭《さいせん》の金額を記し、役者は寺領内の事件などを克明に書いています。別当代は幕府、寺社奉行との関係や人事について書いています。

ひとつの寺で、これだけ長期にわたる記録が現存することが珍しいだけでなく、重層的に書かれているという点でも、『浅草寺日記』は非常に価値があるんですね。

江戸の世相や風俗がわかる

『浅草寺日記』は寺領内で起きたさまざまな出来事を記録しています。ひとつ、興味深い事件をご紹介しましょう。

吉原が火事で焼けると、江戸の町中での仮宅（臨時）営業が認められました。浅草寺も寺領内で臨時営業を認めたことがあり、その記述も『浅草寺日記』に出てきます。

あるとき、藤枝外記《ふじえだげき》教行《のりゆき》という旗本が、仮宅営業の吉原の遊女と恋をして、心中する事件がありました。三〇〇〇石の旗本が心中したとなると世間体が悪いので、藤枝家は「家来が死んだ」ということにして、役人に嘘《うそ》の報告をしたんですね。その嘘の報告書が『浅草寺日記』に出てきます。のちにこの隠蔽《いんぺい》工作はばれて藤枝家はお家断絶になり、この事件は江戸の人びとのあいだで大きな話題となりました。

次世代へのバトン

『浅草寺日記』の刊行事業は終盤を迎えています。初期の研究会メンバーの多くは鬼籍《きせき》に入ってしまいましたが、この蓄積は若い世代へと受け継がれていくことでしょう。西山先生は私たちにいつも「これは単なる筆写作業ではありません。観音さまへの御恩奉謝の気持ちを忘れずに」とおっしゃっていました。

研究内容とともに、文化財を大切にする、その精神も次の世代に受け継いでほしいと思っています。

（『月刊 江戸楽』No.85）

第九章 江戸庶民の暮らしと知恵

鳥居理事長（開会挨拶）

皆さま、午餐会《ごさんかい》にお集まりくださいまして、ありがとうございます。今週の午餐会の講師は、江戸東京博物館館長の竹内誠さんです。江戸東京博物館は江戸博と略称しますが、江戸博の最初から、そして隅から隅までご存じの竹内さんに、今日はいろいろな角度から江戸博を論じていただきたいと思います。

私の知るかぎりでは、たぶんブリティッシュミュージアム（大英博物館）が代表だと思いますが、国の代表的な博物館は国費でまかなわれています。しかし江戸博は東京都予算なのです。私はこのようなかたちでいつまでもいくよりは、もっと本当に大きな江戸博に生まれ変わることを心から期待しています。今ちょうどリニューアルで新しくなったところですから、第二期目に入ったというか、二代目に入ったわけです。どうか竹内さんに三代目の江戸博の姿を描いていただきたいと心からお願いしたいと思います。今日はどうぞよろしくお願い申し上げます。ありがとうございました。（拍手）

はじめに

最初に江戸東京博物館のお話から入りたいと思います。今から三〇年ほど前に東京都庁に五人の大学の教師が招かれまして、一〇年後に江戸東京博物館をつくるのだが、学問的にしっかり裏付けのある、よい展示をしてもらいたいというご指示がございました。私は江戸時代の担当、東京時代はのち二代目の館長となった小木新造《おぎしんぞう》さんが担当しました。そのほか、民俗学、文学、建築学を専門とする五人のメンバーによる展示監修委員会がスタートいたしました。

もちろん展示の設計図をいろいろ描いてでき上がったわけですが、私どもはここにはこういう展示がほしい、あそこにはこういうものがほしいという基本的な原図を描くのが役目で、実際は二五〇名ほどのそれぞれの分野の本当の専門家に具体化していただきました。私はのちに展示監修委員長になりましたが、なんのことはない、それぞれの専門家に頭を下げて「ご協力を」と言いにいく役でございました。

江戸東京博物館は平成五年（一九九三）に開館、初代館長は学習院大学の学長をなさった児玉《こだま》幸多《こうた》先生です。私が館長になりましたのは、館が開かれてから五年目のことでございまして、私は三代目です。

企画展を決める「3T戦略」

さて、江戸博の館長として私が皆さんから教わった戦略があります。特別展示(企画展示)をやる。今は「徳川の城」展(二〇一五年八月)を開催中です。その前は「大関ヶ原展」(二〇一五年三月)をやりました。そういう特別展を決める際、最終的には私が決定しますが、学芸員や新聞社や放送局から出てきたいろいろな案を選択するわけです。私が機嫌のいいときには「よし」と言い、機嫌が悪いと却下するというようなことがあっては絶対になりませんので、企画展を決める客観的基準として「3T戦略」ができました。

これは私の考えというよりも、いろいろと皆さんから聞いてできたのですが、

一つは、当たり前の話ですが、「タイムリー」であるということです。この展覧会は時宜を得ているか。今なぜこの展覧会をやるのかという質問をしたときに、スパッと答えられれば、もうそれで一つ目の条件は満たしているわけです。

二番目は「ターゲット」です。つまり、この展覧会はどなたに見せたいのか、アラサーなのか、それともおじいちゃんたちか、あるいは女性向けなのか、ということが大事です。そのターゲットが曖昧《あいまい》で、「すべての方々に」などという展覧会が成功するわけがないのです。これは東京都写真美術館の第三代館長だった徳間《とくま》康快《やすよし》さんから教えていただきました。

あるとき徳間さんが、

「竹内館長、ただで宣伝する方法を教えるよ」

と言うんです。そんなただで宣伝できるなんてあるのかな、と思っていたら、

「今度の企画展は何をやるの」

と聞かれたので、

「昭和の子どもたちです」

と言ったら、

「あ、そう。じゃあ、ここここの編集者のところへ担当の学芸員を行かせなさい」

と言って、何も見ないで、いろいろな子ども向けの雑誌の編集者の名前を書いた名刺を何枚かかくれて、

「これを学芸員に持っていかせなさい。今度江戸博ではこういう企画がありますと言ったら、向こうはたいてい乗ってくるよ。これなら次の次の号に『昭和の子どもたち』という特集号をつくれる。ふつう、写真とか資料を集めるのは大変だけれども、その展覧会に出陣するものをただで使わせるのなら、向こうもただで広告してくれるよ」

ということなんです。だからターゲットが重要だ。無駄撃ちしてはだめだ。こちらの企画に相手が乗りそうだという雑誌にねらいをつけていきなさい、ということを教えていただきました。これは口伝《くでん》と言われたのですが、今、しゃべってしまいました。（笑）

三番目は、新聞記者や放送記者の方から教わりました。企画展のプレゼンテーションの際、「今度やるのは大関ヶ原展です。その内容はこうです」ということを言います。その際に、必ず「館長」と言って手が挙がります。「今度の展覧会の目玉は何ですか」と聞かれるのです。その目玉をスパッと答えられたときは、だいたい成功しています。

ところが、「これもいいし、あれもいいし、あれもあるし」と言って、五つも六つも目玉を挙げた展覧会は絶対に入りません。スパッといちばんいいのを一つ挙げる。柔道の一本勝負ですね。ちまちまと、有効とか一点二点と加点し優勢勝ちとなる今のつまらないJUDOではなくて、本当の日本柔道のようなかたち。

そのいちばんよい例は、いつの時代かわかりませんが日本から流出していったものに、『熈代《きだい》勝覧《しょうらん》』といいまして、日本橋から神田今川橋までの町のにぎわいを描いた絵巻物があります。その『熈代勝覧』がベルリン東洋美術館（現、ベルリン国立アジア美術館）に入った。それを私どもが「大江戸八百八町展」（二〇〇三年一月）の目玉としてもってきた。ですから、そのときは私はあまり悩まないで、「初めて海外から里帰りした『熈代勝覧』をお見せします」と一つだけ申し上げたのですが、その展覧会はたいへんに人が入りました。というように、目玉が重要だというのが企画展の三番目です。

せっかく「タイムリー」「ターゲット」とTが揃《そろ》いましたので、目玉というのでTからはじまる言葉はないかなと思って聞いて歩きましたら、「トップ・オブ・セールスポイント」というのが外国の方もわかるとおっしゃったんですね。一番の売りのポイントだということですから。それで「3T戦略」としました。今もそれが生きています。

ところが、3Tが全部揃うことはなかなかありません。たいてい二点まではありますが、三点揃うのが難しく、それが入場者数の多いか少ないかの境目になっています。

博物館の「3S方針」

江戸東京博物館全体を貫くコンセプトは、江戸東京四〇〇年の歴史と文化を紹介するということですが、その運営方針としまして、私は「3S方針」を掲げています。

それは第一に安心・安全です。お客さまに怪我《けが》があってはだめです。それから展示物が地震で壊れるようではだめだとか、いろいろな意味がありまして、安全・安心で「セーフティー」であることが一つです。

二番目は、これは皆さんもご存じのとおり、例のオリンピック招致のときに「おもてなし」とやった、あの「サービス」です。ただし、サービスとは、ただ「いらっしゃいませ」でニコポンと言うのではなくて、やはり質の高い展示をすることが顧客満足度に通じるわけです。さらにもう一つ、地域と連携して地域にサービスしなければいけません。やはり地域に開かれたといいますか、地域と仲よくというので、両国再生のための両国協力会というものを結成しました。

私がその会長になって、両国国技館とか、ホテルが三つありますし、回向院《えこういん》とかライオン歯磨きとか、JR両国駅などいろいろありますので、その皆さんに入っていただきました。それでその両国協力会が中心となって「両国賑《にぎ》わいまつり実行委員会」をつくり、毎年四月末か五月初めに国技館前通りを歩行者天国にしまして、そこでちゃんこサミットとか、お相撲《すもう》さんの体操とか、いろいろな行事をやっています。

その準備とか後始末のときに、学芸員の若い者とか両国駅の駅員さんとか集まるわけです。そうするとみんな顔馴染《かおなじ》みになりまして、たとえば両国で下りた人が、「江戸博はどこですか」と聞いたときに答え方が違うんですね。つっけんどんには言わないんです。つまり、お祭りとかそういうことで日ごろから接触しているものですから、お答えが非常にいいということで、迂遠《うえん》な話ですが、「江戸博はここの地域に愛されているんだな」と思っていただけるように努力しています。

運営方針の三つ目は、お客さまから教わりました。かつて、「本田宗一郎と井深大《いぶかまさる》特別展――夢と創造」（二〇〇二年九月）という展覧会をやりました。最初に学芸員がそれをもってきたときに、僕は企業の宣伝なんて公金を使ってはできっこないと言って、たちどころに却下しました。そうしましたら、「いや、違うんです。たしかに、ものはソニーとホンダからただで借りてきます。しかし、ほかの援助はいっさい受けません。それから会社を宣伝するのではありません。創業者の生き方を展示するのです」ということで、聞いているうちに、それならいいでしょうということになって実施しました。

創業者のお二人はとにかく「九十九失敗して一つの成功」など、いろいろな人生訓をおもちなものですから、それを言葉として書いてぶら下げたわけです。失敗作も出していただきました。

ソニーで最初に電気座布団というものを出したそうです。まだサーモスタットが発達していなかったせいか、それはすぐに燃えてしまった。その実験をしたものが展示されておりました。それからホンダが自転車に湯たんぽを付けて、そこにガソリンを入れて初めてバイクをつくった。その作品も出ました。それらは全部失敗しているんですよ。それから、デンスケというでっかい録音機を持って街頭録音をやっている姿から、だんだん小さな録音機ができてくるというプロセスももちろん展示しました。最後は、ホンダの例のマン島レースに出た、そのレーシングカー。これは若い者にはこたえられないだろうからというので、それも展示させていただきました。とにかく二人のいろいろな生き方。つまり、失敗とかいろいろそういうものを乗り越えてこそ成功があるんだ、ということなんですね。

そうして展示場の出口で感想文を書いてもらいました。それを読んでいた学芸員が泣いているんですね。なんで泣いているのかと思って私も読んだら、私も泣いてしまったんです。そこでいくつかの感想文を、出口のところに貼りつけました。

そのなかの一つに、

私は何か月か前にリストラに遭《あ》いました。会社を憎み、上司を憎み、世の中を憎んで町をさまよい歩き、それからパチンコ屋に入り、競馬・競輪をやり、自暴自棄になっておりました。たまたまこの展覧会を見ました。そして二人の生き方を見て、なんだ、お前は。なんてお前はだらしないんだ。このおふた方の生き方をもっと学ばなければならないと、はっと我に返りました。明日からハローワーク通いに努めます。

私もみんなも泣いたのは、「明日から再就職のために職業安定所に一生懸命通うことにします」という文章を読んだからだったのです。

それで、美術館や博物館というのは、人の生き方に影響を与えるというか、そういう感動というか、ちょっとでも人の心の琴線《きんせん》に触れることができるんだな、ということがわかりました。つまり、1＋1＝2だという知識を得るための博物館ではないのだ。どちらかといえば、人はどうやって生きたらいいのかという生きる知恵みたいなものが出てくるときに、はっと思う。そういう博物館であってほしい。かつて博物館は「学校教育の補完」といって、いつも教えてやるぞ、教えてやるぞということでしたが、今や生涯学習の拠点ですので、それではまずい。江戸東京博物館は、セーフティーで、サービス豊かな、感動する博物館をめざそうということになりました。

今度は感動をSで表そうといろいろな人に聞いて、結局は「センス・オブ・ワンダー」という言葉がいちばんいいのではないか、と。外国の方に聞いたらわかると言ってくださったので、一応それにして「3S方針」ということで今やっております。

第三ステージへ

先ほど鳥居理事長から、今リニューアルして第二段階に入ったというお話がありました。開館からまず二〇年は第一ステージ。今はちょうど第二ステージに入った。しかし理事長さんは私に、次は第三ステージへ、都という小さなステージよりもっと大きなもので、日本の伝統的な和の文化の情報発信拠点になるべしという最初のお言葉を頂戴いたしましたが、私自身もそのとおりと思っております。

先ほど紹介していただきましたが、学芸員には絶えず「我々はもちろん墨田区両国の中の江戸博であり、東京の中の江戸博だ。しかし、首都圏から大勢の方が来てくださっている。それから修学旅行で北海道や沖縄からも来ていただいている。今や世界から来ていただくようになった」と言っております。今、年間一五〇万人入っていますが、そのうちの二〇パーセントは外国の方で、どんどん増えております。そういう趨勢《すうせい》のなかで、「世界の中の江戸博へ」が今年（二〇一五年）新年に書いた挨拶でありまして、そして合い言葉なのです。

「ロンドンへ行ったら大英博へ、パリへ行ったらルーブルへ、東京へ行ったら江戸博へ」

これが世界の合い言葉になることが私の夢です、と書かせていただきました。まさにそれは第三ステージへの見通しです。今は第二ステージに入ったばかりでございます。

徳川の平和

そこで、和の伝統文化とは何かということです。徳川時代というのはいろいろマイナス面もありますが、優れた点もありました。その優れた点がなぜ生まれたのかというと、大前提は二世紀半に及ぶ平和であります。戦争がなかったということです。戦争がないと、経済も文化も成長し成熟していきます。やはり戦争があると、そこで停滞が起きるわけです。徳川時代のすごさはまさに二百何十年間、平和を維持したということであります。そして、そういうなかで庶民が暮らしているわけです。

長屋というと、なんとなくミゼラブルな感じを皆さんおもちですが、どうも資料を見れば見るほど結構な生活をしているなと思います。狭いということは、外国人から見るといろいろ批判はあるのですが、しかし日本人は、狭い家で夫婦と子ども二人という単婚小家族で、本当に一間《ひとま》しかなくてもうまくやっていけるという生活の仕方を心得ていて、外国人はそれを見ると、日本人の生き方のほうがシンプルで優れているというふうに感じるようです。

たとえば、西洋では食べるときにフォークとナイフとスプーンは三種の神器で必ずあるわけですが、日本では箸《はし》だけですべてをまかなってしまいます。それから、江戸時代は六畳か四畳半ぐらいの一部屋に、レンタルで借りてきた煎餅布団《せんべいぶとん》を敷くと、それが寝室になります。朝起きて布団を畳むと、そこが居間になる。食事をしましょうというと、銘々膳《めいめいぜん》ですから、テーブルというのはいっさいありません。銘々膳を持ってきて食事をして、銘々が片づけて持っていくと、それは食堂から元の居間に変わる。お客さんが来て、「まあ上がんなさい」と言ってお茶を出せば、それは応接間になるんですね。

そういうようにして畳の一間が多面的な機能をもっていて、いつも掃いていますからきれいなんです。そうすると、幕末に来日した外国人が見て、「え？　日本のこの生活のほうが文明的じゃないか」と思う。

西洋では、食堂が絶対に必要だとして食堂に机と椅子を置き、居間としてリビングルームが必要で、そこに机とソファを置く。お客さん用には応接間をつくって立派なソファやテーブルを置く。子どもには勉強部屋として勉強机を置く。寝室はやっぱり特別につくってベッドを置く。だから部屋がたくさんできて、家具はどんどん増えていくけれども、日本人の生活を見ていると、ほとんど家具はないし、畳だけですんでしまう。だから、畳文化はすごいのだ。ひょっとするとシンプル・ライフの日本人のほうがものの考え方が進んでいるんじゃないかというふうに、来日した外国人が感想を述べています。

長屋の暮らし

左の図は、三〇〇坪の敷地に二七軒の長屋が建っております。表通りは商売屋さんです。借りているのですが、二階建てですから家賃も高いのです。ここに住んでいる人は意外に金持ちかもしれません。なぜならば、江戸時代は地所をもちたがらないのです。地所をもっている人にだけ税金がかかってくるので、地所をもつと税金を払わなければいけないからです。税金というのは何かというと、町奉行所からくる税金ではなくて、その町会で使うお金を拠出するのは、そこの土地をもっている人に限られていて、その町会の拠出で行政費をまかなっているわけです。そうすると、税金を納入したくなければ土地をもたないほうがいい。家賃だけ払ったほうが得という概念があるのです。だから長屋の住民イコール貧乏ではありません。

そして路地《ろじ》を入っていくと、だんだん狭くなって、劣悪ではありませんが、いちばん最後のどん尻のところが、よく九尺《くしゃくに》二間《けん》の裏長屋といわれるものです。規模によって値段が違っています。そして、一軒だけ大きい家は、この三〇〇坪の中の家々の店賃《たなちん》を取るとか町奉行からのお触れを

文政期根津門前町貸店略図（店賃は1か月分）

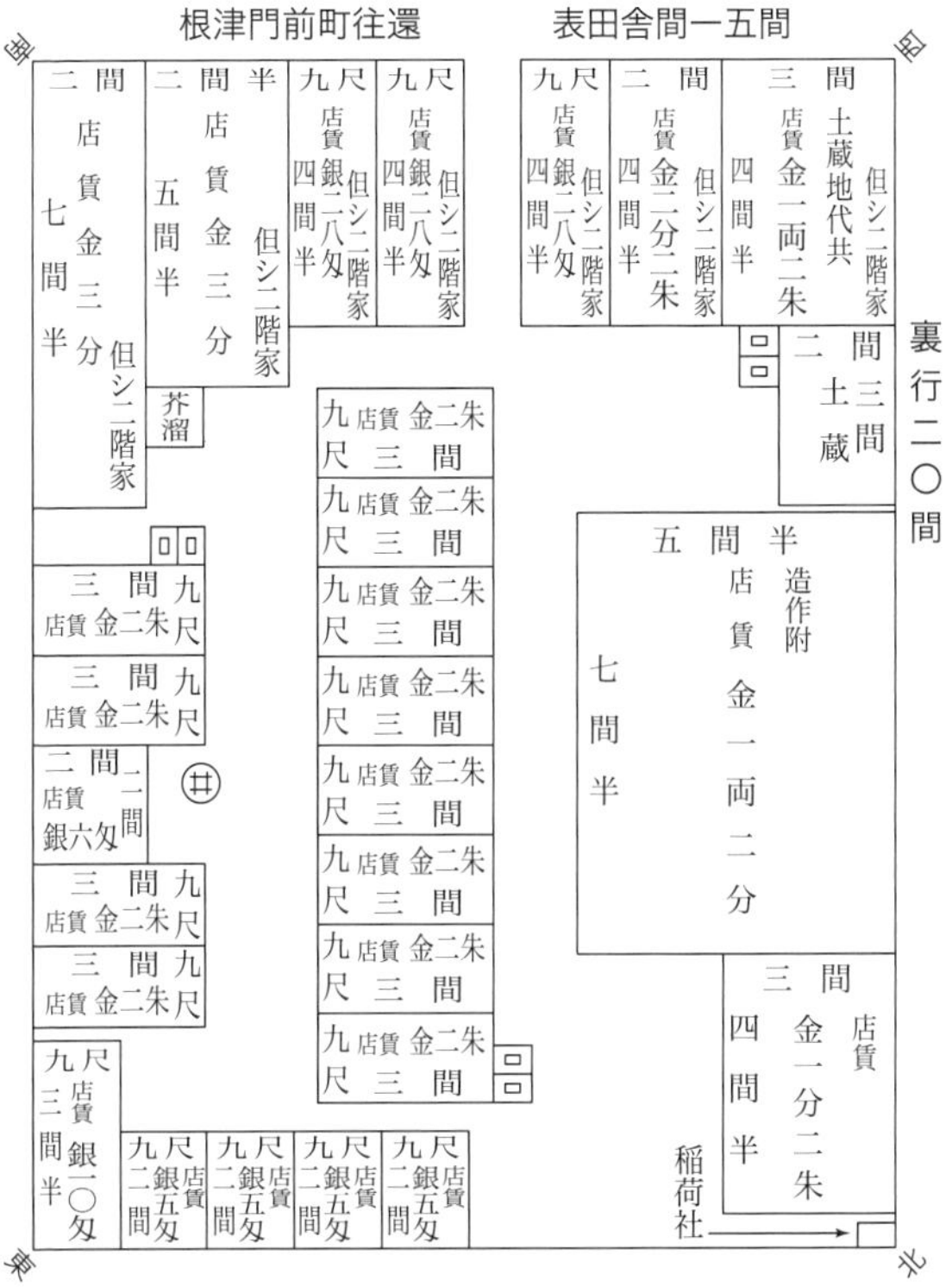

伝える、いわゆる大家《おおや》さんの住んでいる家です。大家さんというのはこの土地をもっている人ではありません。差配人です。ここに土地をもって家を建てている人はだいたい不在地主で、金持ちで別のところに住んでいます。その代理として大家さんがここにいるのです。

　この生活ぶりを見ますと、丸に井と書いてあるものが井戸です。共同井戸は一個しかありませんから、みんなここに集まってきて水を汲《く》んで水甕《みずがめ》に入れていく。あるいはここで洗濯をする。当然、井戸端《いどばた》会議がはじまるわけです。それから便所が二つずつ三か所ありますが、共同便所です。

それから、北の隅のところに稲荷社《いなりしゃ》と書いてあります。三〇〇坪の土地があると、江戸では必ずお稲荷さんを勧請《かんじょう》しています。江戸名物は「伊勢屋、稲荷に、犬の糞《くそ》」といいまして、江戸には稲荷社がたくさんあります。

コレド室町をつくる際、町づくりの相談を受けているなかで、江戸の町づくりのスタイルの一つの条件は両側町ですよ、と申しました。詳しくは言いませんが、銀座でいうと、ちょうど歩行者天国というのが町のあり方なんですね。そういう両側町がなければいけない。それから夜間人口がないのはおかしいね、と。つまり昼間はわーっと来ているのに、夜になるとあっという間に誰もいなくなってしまうのは変な話です。もう一つは、にぎわいというのは、江戸は信仰と娯楽がいつも一体となっているのです。信仰の場所に行くとおいしいものが食べられて、景色がいい。信仰と娯楽が一体になっているところが、盛り場だったり名所だったりしているのです。

そういうお話をしたら、もともとあった小さな祠《ほこら》程度のお稲荷さんを大きくして、福徳稲荷という神社をつくったんですね。ビルを建てればそれでまた儲《もう》かるはずなんですが、そこを鎮守《ちんじゅ》の森にしたのです。江戸にはどこに行ってもお稲荷さんが必ずあったのです。長屋の衆は、代わりばんこにお稲荷さんにお供え物をしたり、掃除をしたりするわけで、要するにここは精神的な絆《きずな》になっていました。

それから、共同便所とか共同井戸ということは、ここは和の世界です。喧嘩《けんか》をしたら人と顔を合わせられなくなってしまうものですから、人との付き合いが非常に上手になります。上手というのはどういうことかというと、粋《いき》ということです。相手に不快感を与えない言動を「粋」というのです。

九鬼周造さんは、「粋」を女性の問題としてとらえました。「いき」とは、「垢抜《あかぬけ》して、張《はり》のある、色っぽさ」というのが九鬼周造の「いき論」ですが、それはそれでいいと思います。私はもっと広く男女の生き方として、相手に不快感を与えない、相手に好もしく思われるような言動、ないしは身なり。長屋の生活というのは、そういうものが身に付ついていました。ですから、お互いの会話もすごくいいです。「お宅の亭主は根性が悪い」なんて言ったらとんでもない話になるわけですから。

江戸時代後期に書かれた『世事見聞録』という書には、長屋のかみさん連中の生活ぶりが活写されています。長屋の主人たちは、大工や左官もいますし、棒手振《ぼてふり》といって天秤棒《てんびんぼう》をかついで魚や野菜を売り歩く零細商人もいます。彼らは朝早くから稼ぎに出て行きます。

「妻は夫の留守を幸ひに、近所合壁の女房同志寄り集まり」

と記されています。僕は井戸端会議だと思います。「近所合壁」、壁を合わせているというのは長屋のこと。そのかみさん連中の会話がいい。

「己が夫を不甲斐性《ふかいしょう》ものに申しなし」

こういう会話なら喧嘩にならないですね。「うちの亭主、甲斐性がないから」と言うと、隣のかみさんが「うちなんかもっと甲斐性がない」と言う。さらに別のかみさんが「もっともっと」という。ここから長屋という共同体には、和の心と謙譲の精神が貫かれていることがわかります。

今日はちょっと天気が悪いけど芝居見物に行こうかとか、天気がよければ物見遊山《ものみゆさん》に行きましょうよと言って、雑司ヶ谷《ぞうしがや》、堀之内、目黒、亀戸《かめいど》、王子、深川、隅田川、なんかに行く。これは全部名所なんです。雑司ヶ谷といえば鬼子母神さんですし、堀之内といえばお祖師さんなんですね。目黒といえばお不動さん、亀戸といえば天神さん、王子といえばお稲荷さん、深川といえば八幡さんですね。隅田川流域には、三囲《みめぐり》稲荷をはじめたくさんあります。そこへ行って、

「この道筋、近来料理茶屋、水茶屋の類沢山に出来たる故、右等の所へ立ち入り、又は二階などへ上がり金銭を費やしてゆるゆる休息し……」

これ、長屋のかみさん連中なんですよ。夫たちはそのころ一生懸命「芋、芋」と売って歩いているんですよ。汗水垂らしているんです。妻たちは昼間っからここに記されているようにグルメ三昧《ざんまい》をやっている。これは別に現代を言っているんじゃないんです、江戸時代のことなんですよ。

（笑）それほど進歩していないですね。

日本人の特質

エドワード・モースという人は、大森貝塚の発掘で日本に初めて科学的な考古学を導入した人です。東大に動物学教室をつくるということで、初代の室長になります。そのモースが明治一〇年（一八七七）に来日、二、三回出入りはしますが、合計二年半日本にいまして、いろいろなところを見ておりお書きになっています。そして、『Japan Day By Day（日本その日その日）』という本をお書きになっています。

そこにはこういうことが書いてあります。

「外国人は日本に数ケ月いた上で、徐々に次のようなことに気がつき始める。即ち（中略）衣服の簡素、家庭の整理、周囲の清潔」

長屋であろうとなんであろうと、非常によく行き届いて清潔だという印象を受けたようですね。それから「自然及びすべての自然物に対する愛」。日本人は自然が大好きである。草花を植える、着物でもなんでも衣裳《いしょう》に自然の草花とか蝶々《ちょうちょう》とかトンボとかそういうデザインを取り込む。日本人の特質のひとつとして自然との共生をモースは指摘しています。

そして、「あっさりして魅力に富む芸術」。空白芸術といいまして、真っ白なところに意味をもたせる。墨でぽっと描く。ごてごてしない日本の芸術の魅力。そして最後に、日本人の特質として「挙動の礼儀正しさ、他人の感情に就《つ》いての思いやり」に感服しています。

江戸時代人ってすごいですよね。外国人から見たらこれが特質だというのです。他者に対しての思いやり。これは今こそ求められているものですが、江戸時代から明治にかけての日本人はみんなこれをもっていた。恵まれた上流階級の日本人は当然そういう礼儀などをもっているでしょうが、「最も貧しい人々も持っている特質である」というのです。船頭さんとか人力車夫とか、肉体労働に従事する庶民までもが非常に高いレベルの社会性をもっていたということなのです。

自然との共生——スロー・ライフ

幕末に来日したフォーチュンというイギリスの園芸学者は、「日本人の国民性のいちじるしい特色は、下層階級でもみな生来の花好きであるということだ」と述べています（『幕末日本探訪記』）。本当に日本人は花好きだと。

「気晴らしにしじゅう好きな植物を少し育てて、無上の楽しみにしている。もしも花を愛する国民性が、人間の文化生活の高さを証明するものとすれば、日本の低い層の人びと（庶民）は、イギリスの同じ階級の人達に較《くら》べると、ずっと優《まさ》って見える」

ガーデニングの国から来た人が日本のこういう庶民のあり方に感心しているということです。

草花が好きということは、種をまいてすぐに花が咲くわけではありませんから、時間がかかるわけですね。水をやり肥やしをやる。しかも、その花が春の花として咲いたら、すぐに今度は夏の花の準備をする。また秋草の準備をするという四季折々の流れのなかで自然に身を寄せながら暮らしている。これはスロー・ライフです。

現在は、資本主義社会ですから、当然金言は「時は金なり」です。株の相場は刻々と動いていますから、一分一秒を争うのは当然であります。現代は当然そういう生活です。江戸時代は経済も相当発達はしていましたが、多くは自然の中で交流しながらやっていますから、「狭い日本、そんなに急いでどこへ行く」という標語がありましたように、みんなゆったりとしたスロー・ライフであったということになります。

共生の知恵——「譲り合い」「お互いさま」の心

モースはこういう自分の体験例を話しています。モースはたぶん東大で講義をしたのでしょう。そして大森貝塚に行くためには、新橋ステーションに行かなければいけない。江戸時代は辻駕籠《つじかご》がありました。現代はタクシーが待っていますが、明治初年は人力車がその役割をしていたわけです。

本郷三丁目あたりに人力車がたむろしてお客さんを待っていたのでしょう。モースがそこへ近づいていきました。アメリカは、そのころは辻馬車が乗り合いバスみたいな役割であったのでしょうが、お客さんが来ると辻馬車屋はその客を確保するために、いっせいに客に向かって走ってくる。そのためには相手を転がしたりしながら争っているわけですね。だからモースは、アメリカの社会は競争社会だと認識しているわけです。強い者が勝つ、勝った者がよいというかたちの社会としてあったわけです。

モースは、日本の人力車夫もそうするのかなと思ったら、一人が地べたから藁《わら》を四本拾って、引けと言った。それでみんなが引いて、長いのが当たりなのか短いのが当たりなのかわかりませんが、あのお客さんは当たった人のものだということになった。くじだから誰も文句は言いませんね。これは生活の知恵です。何か目的があったときに、くじさえやれば公明正大でなんの不正もないわけですから、天の声と聞いて快く皆が送ってくれたという話がここに出ているわけです。これなんかは学校で教わるものではなくて、地域とか家庭の暮らしのなかで、こういったくじ引きとか人と争わないで共に生きていくには、どうしたらいいかということから学んだ知恵なんですね。人との共生です。

しかも、モースは汽車に遅れそうなので、新橋ステーションまで急いでくれと言った。はいよというわけで、急いで走っていったら前の人力車とぶつかってしまったんですね。たぶんアメリカの場合には、辻馬車同士がぶつかったらもう大騒動で罵詈《ばり》雑言《ぞうごん》、喧嘩《けんか》になるわけです。そうなるのかなと思ったら、さにあらず。お互いが「失礼しました」と同時に詫《わ》びてにっこりしながら、さーっと清く別れていった。アメリカは競争で、そういうときに諍《あらそ》いが起きるけれども、日本人はお互いに譲り合って、共に生きていくという知恵をよくぞもっているな、と。

同じように、両国の川開きに招待された。屋形船が押し合いへし合いしてすごいわけです。ぶつかり合っているから、当然アメリカでは、そこで罵詈雑言。「この馬鹿野郎」とかなんとかという声が激しく飛ぶはずなのに、日本では、聞こえてくるのは「ありがとう」と「ごめんなさい」という船頭《せんどう》の言葉だけだったと言っております。

彼は「かくの如《ごと》き優雅と温厚の教訓！」。しかも、私は車夫から、あるいは船頭たちからそれを今教わっているのだ。「自分は文明人」と思っていたほうが野蛮人で、まだ文明が開かれていないという日本人のほうがよっぽど文明人だということが、モースにはわかったということなんです。しかも、それがいわゆる教養のある上流階級ではなくて、本当に勤労者というか日々働いている人たちから教わった、と言っています。

これは明治一〇年ですから、明治五年の学制頒布《はんぷ》で急に勉強した人が車を引いているわけがないのです。つまり、江戸時代の家庭で育ち、江戸時代の地域で育ち、江戸時代の寺子屋で勉強した人が社会に出て、こういう明治をつくっていたのです。

思いやりの心・共助の心

例はたくさんあります。明治の初めに「街路や小さな横丁等は概して撒水《まきみず》がよく行われている」とモースは書いていています。つまり、道路によく水が打たれている。「路の両側に住む人々が大きな竹の柄杓《ひしやく》で打水《うちみず》をしているのを見る」。打ち水っていい言葉ですよね。これはもちろん水を撒《ま》くことによって猛暑を防ぐ、涼を求めるわけですが、しかしそれだけではなくて、そこを通る人に気持ちよく通ってもらおうという他人に対しての思いやりなんですね。

大きい道もそうですが、横丁になると余計に通りにくいし、なにかむさ苦しいところを歩かせては申し訳ないというので、路地とか横丁ほど植木が置いてある。現代でもありますね。横丁に植木があったり、風鈴《ふうりん》があったり、つりしのぶがあったりします。

もう一つは、和歌山の人が江戸に来て感激した話です。「江戸っ子は人気《じんき》の荒々しきに似ず」、「人気」というのは、気性、気質です。江戸っ子の気質は荒々しい、だけれども「道を問へば下《げ》賤《せん》の者たり共、己が業をやめ、教えること丁寧にして、言葉のやさしく恭敬する事、感ずるに堪《たえ》たり」とあります。

これはどういうことかと言いますと、「すみませんが、ここから何とかさんの家に行くにはどう行ったらよいでしょうか」と聞く。そのときに、たいてい職人ですから桶《おけ》をつくったり、なにか一生懸命仕事をしているんですね。納期は明日までかもしれない、忙しいかもしれないのですが、聞かれると必ずやっている仕事をやめる。ということは、相手の顔を見るということです。そして、この人は困っているんだなと思うから、弱者に対してはものすごく丁寧なのが江戸っ子なんです。

逆に威張りたがる武士などが現れると、「てやんでい」という例の荒々しい言葉になる。でも困っている人となったら、必ずそれは手を差し伸べなければならぬというわけで、教えることたいへん丁寧で、言葉も当然やさしくなるというのです。

もう一つ、有名なシーボルトという人は、日本地図を持っていたということで追放されてしまうのですが、開国になったらそれが許されて、幕末にもう一度年をとったシーボルトが日本にやってくるんですね。それで日記を書いています。

そのなかに、江戸では人がたくさん集まる場所、たとえば浅草寺《せんそうじ》の境内《けいだい》などに、およそ二フィート(約六一センチ)の箱がよく置かれている。そこではさまざまな小間物の必需品楊枝《ようじ》などがしっかりと値段をつけて販売されているが、売り手はいない。無人スタンドなんですね。大勢人が集まる盛り場に無人スタンドが置いてあるわけです。シーボルトは、あれは盗まれるんじゃないかなと思って、じっと見ていたわけです。そうしたら誰もその品物を持っていく人はいない。それから、通行人が櫛《くし》とかそういうものを買って、お金を下の引き出しに入れている。その現金も持っていく人がいないというんですね。たぶん、売り手がいないというのは、親が病気であるとか、あるいは自分自身の体が悪いのかもしれないと思うと、うちに櫛があっても、この人を救うために買ってやろうということで買ってくれる。「この商売はつまり貧しい家族、貧しい人々を支えるためにすべての町人たちの信頼関係によって成り立っている」とあります。

現代の渋谷の盛り場で同じ行動をとったらどうなるか。恐ろしくてできませんが、こういう優しさが江戸の人たちにはあったということです。

豊かなユーモアの心

ユーモアというのはヒューモアに通じるとよくいいますが、人間性のあるものですし、一応品格というか、品性があるんですよ。決して下卑た話ではないのです。

江戸のユーモアといえば川柳《せんりゅう》でしょう。人間の機微をみごとに描いたものですね。「これ小判、たった一晩いてくれろ」なんていうのは、庶民の気持ちをよく代表しています。昨日みたいな雨が降ると、「本降りになって出ていく雨宿り」なんていうのもあるんですね。あとちょっと走っていけば自分の家なんだけれども、人のうちの軒先で雨宿りをしている。そうするとだんだん雨が激しくなってきて、チューリップの花が咲き出すわけですね。そうすると、「しまった、あのまま、まだ小降りだったときに家まで駆け込んでしまえばよかった」という悔悟の念がものすごく出てくるんですね。そのうちに雨はずっと生涯やまないんじゃないかという錯覚に陥って、い

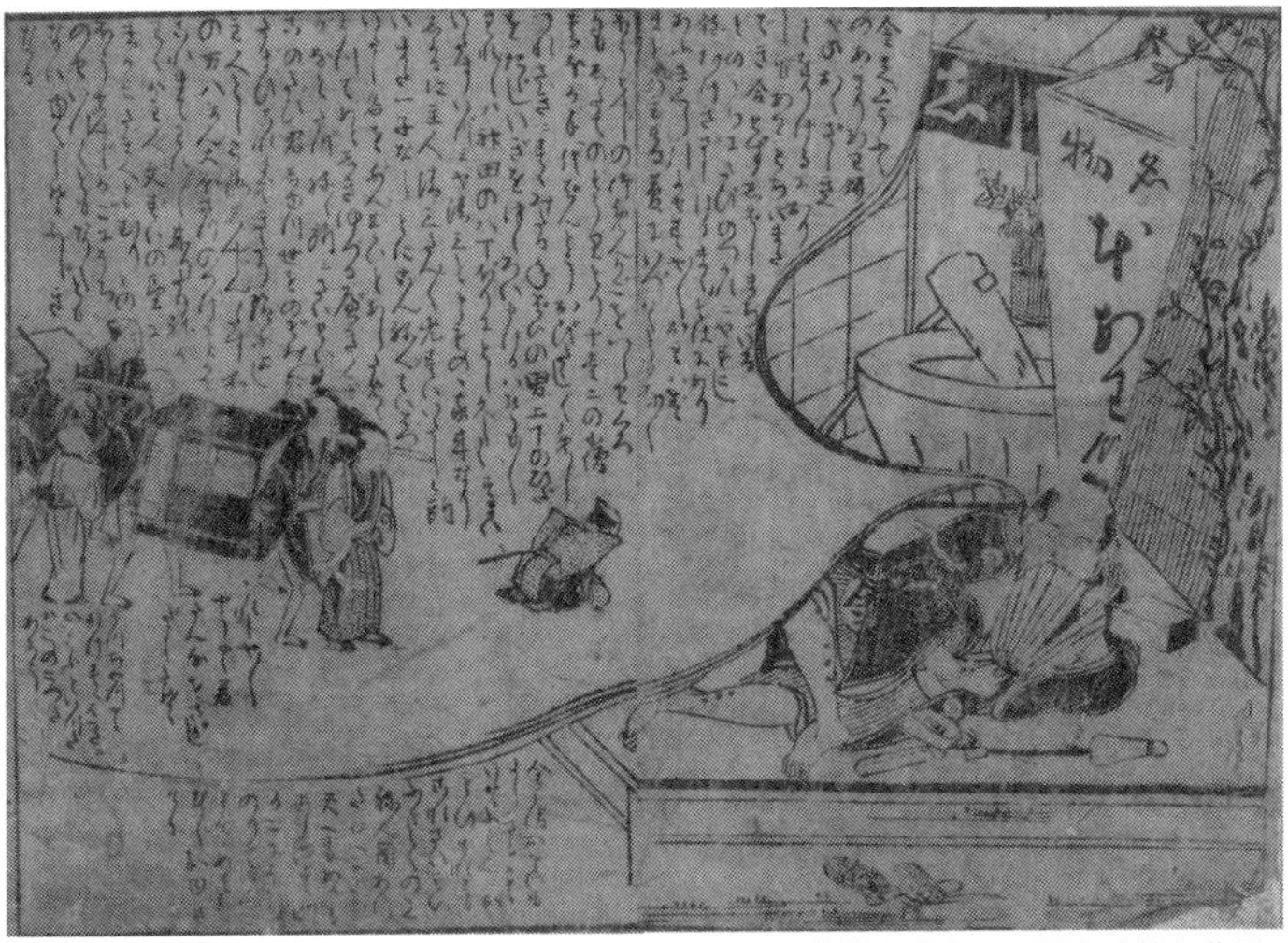

「黄表紙」を風刺のきいた大人向けの絵本として、その特徴を確立した記念碑的な作品。その後、約30年間で2000タイトルもの作品が創作されることになる。恋川春町作画『金々先生栄花夢』安永4年（1775）国立国会図書館蔵

ちばん悪い時期に出ていく。「本降り」になって。これなんか人情の機微をよく表していると思います。

江戸川柳はユーモアの代表ですが、もう一つ、当時ベストセラーといって一万数千部も売れた、ユーモアたっぷりの大人の漫画が江戸時代にあったんですね。表紙が黄色い黄表紙です。

一つは『金々《きんきん》先生《せんせい》栄花夢《えいがのゆめ》』です。田舎の貧乏生活に飽きて、江戸へ出てきていい生活をしたいと思った人が江戸へやってきます。それで目黒のお不動さんに、これからの江戸の生活が成功しますようにとお願いします。そして目黒のお不動さんの名物は粟餅《あわもち》ですから、粟餅を注文しました。そこへ神田の大金持ちが来て、あなたこそ私の

家のお婿さんにふさわしいと言って、駕籠《かご》に乗って迎え入れられて、大金持ちの養子として栄耀《えいよう》栄華《えいが》を極めるのですが、さすがの大金持ちも限界が来てだんだんお金がなくなる。そうすると、「金々先生、金々先生」とやってきた周りの人が、お金が縁でだんだん遠のくということに気づくわけです。「なんて人情が薄いんだ。お金でつながっているだけなのか」となって、都会で遊んだって大したことはないやと思っていると、養父は怒ってしまって、とんでもない婿養子だと言って叩き出された。そのときに、「お客さん、粟餅できましたよ」という声が聞こえてきたわけです。

つまり、これはナンセンスの話なんです。この物語は全部夢でできている。けれども夢が本当の話みたいになってしまって、もう「江戸というところは大したことはない。金持ちは大したことがない」と言って、やっぱり兎《うさぎ》追いしかの山、小鮒《こぶな》釣りしかの川のほうがいいと言って、江戸に入らずに故郷へ帰ったとさ、という物語です。

二番目のほうは、『莫切自根金生木《きるなのねからかねのなるき》』。上から読んでも「きるなのねからかねのなるき」、下から読んでも「きるなのねからかねのなるき」。これは回文《かいぶん》といいますが、江戸時代人はこういうものが大好きだったのですね。

この話の主人公は、逆に大金持ちで貧乏になりたいという高い志をもったんですね。あらゆる貧乏になる手を打ったんですが、全部失敗に終わるのです。たとえば、博打場《ばくちば》に行って丁半を打つでしょう。するとみんな当たってしまうんですね。あのころ富くじといいましたが、今でいう宝くじを買うんですね。「への一番」とか「二番」とか「前後賞」、みんな当たって、やればやるほど金持ちになってしまう。

じゃあ、というので、みんなに金を貸せばいいと、「利子は要らない、保証人は要らない。無担保で貸す。どんどん借りていってくれ」と言う。表紙の絵は、千両箱を前に大金持ちがお金を貸しているところです。ところが、返せそうもない人ばっかりに貸したのですが、間の悪いことにベンチャー企業でみんな当たってしまって、利子はいらないというのに、元利金をみんな持ってきたから大金持ちになってしまったんですね。

最後は泥棒です。泥棒に全部持っていかれればいいというので、江戸中の町に「何月何日私どもは誰もいません。入ってください。蔵がたくさんあるからおわかりにならないでしょうけれども、入り口からちゃんと小判で動線を引いておきますから」というビラを貼りました。すると、江戸中の泥棒が集まってきて、「すげえな、このうちは」と荷造りしたら、あまりにもあるから荷造りに時間がかかって一番鶏《いちばんどり》が鳴いてしまった。これは捕まったら大変だとみんな荷造り途中で逃げてしまったんですね。ところが、このころの泥棒は入る前に腕試しといって必ずほかのうちに行っていたので、そこで盗んだものをみんなこのうちに置いていったのです。その結果、よけいお金持ちになってしまって、最後はあわれ、この大金持ちの夫婦が万両箱——本当は千両箱

貧乏になろうと手を尽くすも失敗を重ね、反対に大金持ちとなってしまい、千両箱ならぬ万両箱に埋もれてしまった主人公。時の政権を褒め殺しにした大人の漫画「黄表紙」の代表作。唐来参和作・千代女画『莫切自根金生木』天明５年（1785）国立国会図書館蔵

ですが——で寝るところがない、というのがこの最後の絵で、立ったままの暮らしをしています。ここには、「もう貧乏人になろうなんていう高い志はやめました」とあります。誠に皮肉な話です。

　でも、このユーモアのなかに、けっこう人生訓がある。だから江戸時代の漫画って馬鹿にできないんですね。くだらない話のようでも、そういう本を読んで先ほどのような人力車夫や船頭さんたちが生まれていくわけです。

　江戸時代というのはもちろん封建社会ですから、そっくりまねたらとんでもない目に遭うかもしれませんが、こんにち考えるよりは、江戸時代にはけっこう光るものが随所にあった。今それ

を一つひとつ掘り出して、役に立つものだったら現代に生かしていこうか、というのが一つのねらいであるし、江戸博もそういう博物館であってほしいと願っているところです。時間を費やして申し訳ありませんでした。（拍手）

鳥居理事長（謝辞）

竹内先生、どうもありがとうございました。楽しいお話をうかがうことができました。今日、こういう楽しいお話をうかがって、日本の文化のいちばんほんわかとしたいい時代だったこの時代のことを、たとえば本にしたり、あるいは語って聞かせるコーナーをブリティッシュミュージアムやそういうところで開くことはできないのだろうか、と思っておりました。どうか先生、これから次のご計画のなかにそんなお話も実現してくださいますように、お願いいたします。ありがとうございました。（拍手）

（なお、本稿は二〇一五年九月一一日〈金〉開催の当社常例午餐会における講演要旨である）

（『交詢雑誌』六〇七号）

コラム

江戸文化の発信拠点——墨田歴史文化ゾーン

刀剣女子、博物館に集う

この春（二〇一五年）、「江戸東京博物館」で開催した特別展「大関ヶ原展」は、大勢の入場者をお迎えし、成功裏《せいこうり》に閉幕しました。

関ヶ原の戦いといえば、東軍（徳川家康軍）と西軍（石田三成《いしだみつなり》軍）それぞれ二〇万の大軍がぶつかった天下分け目の大決戦。歴史愛好者に限らず、一般の人びとにとっても、とりわけ関心の高い事件です。

それにしても、徳川秀忠率いる東軍の主力部隊が遅参《ちさん》するという劣勢で戦闘がはじまったにもかかわらず、なぜ東軍が勝利し、西軍が敗れたのでしょうか。

展覧会では両者の調略活動の書簡などを展示することにより、その歴史の背景を描いています。なかでも西軍に属していたはずの小早川秀秋《こばやかわひであき》の寝返りにより、東軍の勝利を決定的にしたことがわかる陣形の展示もしました。

もとより人気のある関ヶ原をテーマにした展覧会ですので、来館者数がかなり多くなることは予想していましたが、さらに輪をかけて大入りになったのには、思いもかけぬ理由がありました。

それは最近、刀剣を愛好する若い女性が急速に増え、彼女らがこの「大関ヶ原展」に大勢来館してくれたことです。

彼女たちのお目当てのひとつは、鎌倉時代の京都粟《あわ》田口《たぐち》の刀工吉光《よしみつ》の作と伝えられる刀「骨喰藤四郎《ほねばみとうしろう》」です。切る真似をするだけで骨まで砕けるという逸話をもつ名刀です。

東京都江戸東京博物館（東京都江戸東京博物館提供）

もうひとつは、室町時代の藤原正真《ふじわらまさざね》作の鎗《やり》「蜻蛉切《とんぼきり》」です。戦国武将の本多《ほんだ》忠勝《ただかつ》所用の鎗で、「蜻蛉切」の号の由来は、戦場で鎗を立てていたところ、鎗に向かって飛んできた蜻蛉がその穂先に止まると、その身がふたつに切れたためといわれ、「天下三名鎗《さんめいそう》」と呼ばれたもののひとつです。
一般に刀剣の愛好者は年配の男性が多かったのですが、このふたつの刀・鎗の前で若い女性が熱心に鑑賞している姿は、非常に新鮮な光景で、感銘を受けました。

では、なぜ女性が刀剣に興味を覚えるようになったのでしょうか。そのもとをたずねると、「刀剣乱舞」というオンラインゲームがきっかけなのだそうです。刀を擬人化して戦うゲームで、イケメンのキャラクターが魅力的なのでしょう。

このゲームによってにぎわいをみせた最初の博物館（美術館を含む）は、名古屋市にある「徳川美術館」です。同館所蔵の脇差で、鯰《なまず》の尾のような丸みを帯びた刀身が美しいといわれる「鯰《なまず》尾藤四郎《おとうしろう》」です。最近では、東京国立博物館所蔵の太刀「三日月宗近《みかづきむねちか》」が彼女たちの人気を集めています。

女性の鉄道愛好者を「鉄女」といいますが、刀の女性愛好者を「刀剣女子（刀女）」というのだそうです。

ゲームという仮想の世界から、博物館で国宝や重要文化財の本物を実見し、彼女たちが刀の姿や刃紋の美しさを熱く語り合う光景は、新しい時代の博物館像のひとつの在り方を示しているように思います。

（「粋に楽しく 江戸ケーション」第七五回）

開館一周年を迎えた「すみだ北斎美術館」

江戸文化といえば浮世絵、浮世絵といえば数ある絵師のなかでも葛飾北斎《かつしかほくさい》を思い起こす人が多いことでしょう。

その北斎を専門とする「すみだ北斎美術館」が、昨二〇一六年一一月二二日に彼の生誕ゆかりの地（墨田区亀沢）にオープンしました。さすが国内のみならず、広く国際的にも著名な北斎、開館以来大勢の外国人も訪れる美術館として人気を集めています。

月日の経つのは早いもの、先日、開館一周年記念展「めでたい北斎〜まるっとまるごと福づくし〜」（開催期間二〇一七年一一月二一日〜二〇一八年一月二一日）を観にいきました。

開催期間が正月を含むため、めでたづくしのこの展覧会、正月気分をたっぷりと味わえます。

案内のパンフレットには、こう記されています。

江戸時代の趣味人たちは、新春に摺物《すりもの》と呼ばれる版画を贈り合うならわしがあったため、北斎とその弟子たちも、神様をはじめとする多くのおめでたい図像や、新春の景を描いた摺物を手掛けています。（中略）本展では、開館から一年間応援してくださった方々、そしてこれからの美術館を応援してくださる方々への感謝の気持ちを込めて、福を呼び込む北斎一門の作品を集めました。

すみだ北斎美術館　©Forward Stroke

うれしいですね。館の皆さんのおもてなしの心が温かく伝わってきます。今回とくに気づいたのは、パネルの解説文が大きな字で記されていたことです。視力が衰えた高齢者にとってこれほどの福音《ふくいん》はありません。ここにも館の皆さんの思いやりの心を感じました。

展示の構成は、「めでたい神様」「めでたいシンボル」「めでたい新年」「めでたい場所」の四章ですが、ここでは、めでたい神様、七福神に絞って紹介しましょう。

江戸中期以降、一月一日から七日にかけて、江戸では七福神詣《もうで》が盛んに行われました。『東都歳事記』によれば、江戸の七福神は享和（一八〇一～〇四）ごろにはじまった谷中《やなか》七福神がもっとも古く、次いで文化・文政（一八〇四～三〇）ごろ、大田《おおた》南畝《なんぽ》や酒井《さかい》抱一《ほういつ》ら文人たちが谷中にならって、向島《むこうじま》に七福神を設けたといわれています。

七福神とは一般に、大黒・恵比寿・布袋《ほてい》・弁財天・福禄寿・寿老人・毘沙門天《びしゃもんてん》を指しますが、当初は吉祥天《きっしょうてん》（インドの神）や鍾馗《しょうき》（中国唐代の実在人物）や猩猩《しょうじょう》（中国の仮想上の人面猿）などが七神に入っていたこともあります。北斎やその弟子たちも、これら七福神を盛んに描いています。

なかでも圧巻は、北斎の肉筆画『布袋図』です。楽しそうに笛を吹く布袋の躍動的な大きな姿とは対照的に、連山に小さく小さく描かれた孤高の鹿の姿、この両者のあいだには何も描かれていない広い空間がありますが、じつはかの鹿の遠吠えが、布袋の笛の音に呼応するかのごとく響き合っているように思えてなりません。なぜか心を揺さぶられるものがありました。

江戸文化の情報発信拠点である「すみだ北斎美術館」は墨田区だけのものではない、日本だけのものでもない、世界の美術館です。同館のますますの発展を祈ってやみません。

（「粋に楽しく 江戸ケーション」第一〇五回）

「たば塩」開館四〇周年を祝う

先日、「たばこと塩の博物館」開館四〇周年記念特別展「産業の世紀の幕開け　ウィーン万国博覧会」の内覧会に出席しました。

昭和五三年（一九七八）、旧専売公社（現、日本たばこ産業株式会社）により東京渋谷に設立された同館は、かつて国の専売品であった「たばこ」と「塩」をテーマとするユニークな企業博物館・産業博物館として注目され、「たば塩」の愛称で親しまれてきました。

たばこと塩の博物館（たばこと塩の博物館提供）

同館は近年の「たばこ」を取り巻く厳しい環境のなか、集客数が大きく落ち込むこともなく人気を集めてきたのは、オーナーの理解と、学芸員・関係職員の努力の結果といえましょう。

「たばこ」販売の促進ではなく、「たばこ」が江戸時代や近代の文化・産業に大きな位置付けを有していたことを展示のコンセプトにしたことが、成功の一因だと思います。

昨年度の企画展をみても、「着物と装身具に見る江戸のいい女・いい男」「和田誠と日本のイラストレーション」「和モダンの世界　近代の輸出工芸」「ちりめん細工の今昔」など、「たばこ」に限らず広い視点から伝統的な文化・産業を紹介しています。

また、毎年行われる「夏休み塩の学習室」もたいへんな人気を博しています。

渋谷の建物が老朽化し、展示室や収蔵庫が狭くなったため、平成二七年（二〇一五）に墨田区横川に移転し、今年めでたく開館四〇周年を迎えました。

墨田区横川は日本たばこ産業の拠点があった場所で、故郷に帰ったといってもよいでしょう。渋谷から墨田に移った当初はまだ周知されなかったためか、来館者は半減しましたが、昨年度はほぼ渋谷時代の数字にV字回復したそうです。

刀剣博物館（刀剣博物館提供）

同館が移転した墨田区は、江戸東京博物館、相撲博物館、すみだ郷土文化資料館、郵政博物館、刀剣博物館、すみだ北斎美術館をはじめ、そのほか魅力的な小規模博物館がたくさんあり、従来は点と点を結ぶ線であったのが、面としてとらえられる墨田歴史文化ゾーンが成立しました。
もちろん新名所の東京スカイツリーもこのゾーン内にあります。これら諸施設が連携すれば、国内外からの観光地としても今後大いに期待される地域となることでしょう。
前記「たば塩」での内覧会で、目下、西郷隆盛研究に夢中の私にとって、びっくりするような出品物がありました。明治三六年（一九〇三）の内国勧業博覧会で、有功賞をもらった「たばこ」のパッケージのデザインです。

それは新潟県三島郡関原村（現、長岡市）の荒木三蔵が売った「西郷」という銘柄のたばこです。当時、「たばこ」は民営で販売されていました。デザインは上野の「西郷さん」の銅像そっくりで、着流し姿で犬を連れています。

銅像の除幕式が行われた明治三一年から五年後のことです。西郷人気にあやかったものと思われますが、この製造・販売元の荒木三蔵が、戊辰《ぼしん》戦争の激戦地の在住者であったことが気にかかります。おそらく西郷さんの大器・寛容な人柄が、敵・味方の恨みを払拭《ふっしょく》させたといってよいでしょう。

（「粋に楽しく 江戸ケーション」第一一六回）

終章◈茂木友三郎対談

一冊の本に導かれ歴史学者の道へ
江戸の町と相撲の研究、いまだ道半ば

茂木　ようこそお越しくださいました。

竹内　お招きいただきまして、ありがとうございます。

茂木　竹内さんは私と同じ上野高校のご出身で、一年先輩になるのですね。

竹内　そうですね。私は一九三三年生まれで、今ちょうど八五歳です。

茂木　当時のお住まいはどちらでしたか。

竹内　下町の人形町に住んでいました。戦争が終わった翌年、一九四六年四月に旧制上野中学に入学して、水天宮から都電に乗って上野の学校に通っていました。上野駅前には、地下鉄に乗るための地下道がありましたが、地下道には戦災で焼け出された人たちが大勢寝起きしていて、その中を毎日通っていました。上野駅から広小路一帯には、通常のルートでは手に入らないようなものを売る闇市《やみいち》があって、たくさんの人が集まっていたことを覚えています。

茂木　あのころはまだ上野公園の中に焼け出された人たちの住宅がありましたね。

竹内　終戦直後で治安も乱れていて、上野には日本の矛盾が凝縮しているような、戦後の縮図がありました。その中を六年間通ったことは、私の人生において大きな意味をもっていると思います。

茂木　おっしゃるとおり、それは大変な経験をされたと思いますよ。

竹内　私はなるべくものを捨てずに取っておく性分で、書斎が「ごみ部屋」のようになっているのですが（笑）、「江戸東京博物館」（墨田区横網）の館長をしていたとき、偶然、学生時代の毎月の定期券が残っているのを見つけたのです。職場でその話をしたら、それは貴重品だということで、東京都交通局の展覧会を開催した折に、「館長が持っていたあれを出しましょう」と言われて、出陣しました。

茂木　高校のときに付けていた校章バッジなども取ってあるのですよ。

竹内　七〇年も前のものを今も取ってあるというのは、すごいですね。

茂木　一九四九年でしたか、戦争で傷ついた子どもたちの心を癒《い》やそうということで、タイから上野動物園にゾウの「はな子」さんが贈られてきたでしょう。そのころは、学校と動物園とのあいだに簡単な柵はありましたが、すき間から自由に行き来できたので、動物園の中を通ってよく帰校しました。猛獣は戦争中に殺されてしまったので、危険性はないということで動物園も開放的だったのでしょうね。

竹内　私が一九五〇年に新制高校に入ったときは、動物園には入れてもらえませんでしたが、野球をしていてボールが園内に入ると、中へ取りにいっていましたよ（笑）。

茂木　隣り合わせですから、動物の鳴き声が授業中に聞こえることもありました（笑）。

竹内　人形町のあたりは焼けなかったのですか。

竹内　幸運にも私の家の一画だけは焼けなかったのです。

両親は共に長野県人で、私は縁故疎開《そかい》で千曲《ちくま》市に行っていたので、一九四五年三月一〇日の大空襲のときは東京にいませんでした。空襲のとき、実家の周辺の人たちはみんな明治座に避難することになっていたのですが、偶然にも、あのときはその途中から火の手が上がって明治座へ行くことができなくなったので、私の家族はやむをえず逆の方向にある小学校へ逃げた。それで助かったのです。

茂木　明治座は焼けてしまいましたね。

竹内　明治座では犠牲者が大勢出ました。そこへ避難していたら、私の家族も助からなかったかもしれません。

感銘を受けた本『田沼時代』

茂木　上野高校卒業後は、東京教育大学に入られたのですね。

竹内　そのころの私の将来像は、法律を大学で学べば、社会に役立つ職に就くことができるだろうという程度の、きわめて漠然としたものでした。しかし、受験した大学に落ちてしまい、当時の下町では珍しい大学浪人生になったのです。私の人生のなかでいちばん大きい挫折《ざせつ》は、この浪人時代でした。「息子さんはどちらに?」と、母が人に聞かれるたびに口ごもって、真っ赤な顔をしている。その姿を見て、「僕は親不孝している……」と、ものすごい自責の念と挫折感にさいなまれました。その一年間は、それまで能天気に外に向かっていたものを全部内側に仕舞いこんでしまって、今でいう「心の引きこもり」みたいになりました。

それで、親不孝はぜひ解消したいと受験勉強ひと筋になりました。今は「国立国会図書館国際子ども図書館」といいますが、上野の大きな図書館へ毎日勉強しに行っていました。ところが、受験生が朝に列をなして占領するものですから、一般の人から苦情が出て、あるときから、必ず本を一冊借りなければ、読書席に座ってはいけないという決まりになったのです。そのときに巡り合った一冊の本が、のちに私の進む道を決める大きなきっかけとなる、辻善之助《つじぜんのすけ》という先生が大正時代にお書きになられた『田沼時代』でした。それを読んで、「教科書で習った田沼意次《たぬまおきつぐ》とは違うことをこの先生は書いている。学問とは、こういうおもしろいことなのか」と、ひどく感銘を受けたのです。歴史を学ぶと、こういう醍醐味《だいごみ》が味わえるのかもしれないなと。

そこで、歴史学を自由な雰囲気の中で勉強できる大学はないかと調べたところ、家永三郎《いえながさぶろう》、和歌森太郎、芳賀幸四郎、西山松之助、桜井徳太郎など、その道で有名な先生が揃《そろ》っているところは東京教育大学だということで、そこを受験することに決めたのです。

松平定信が行った金融政策

茂木　ご専攻は何ですか。

竹内　辻先生の影響でしょうか、やはり江戸時代、そのなかでも自分が生まれ育った東京の前身である「江戸の町」というふうに、のちには絞られていきました。最初は経済史的観点から政治史を勉強していたのですが、だんだん社会史や文化史的な観点からも、総合的に政治史をとらえたいと思うようになりました。

茂木　それを博士論文（文学博士）で書かれたのですか。

竹内　はい。卒論は「寛永改革の一考察」、修士論文は「江戸幕府財政金融政策の展開」、そして博士論文は「寛政改革の研究」という、総合的な政治史です。

老中松平定信が主導した幕政改革「寛政改革」は、田沼意次が行っていた商業資本的な重商主義政策を否定して、農業の再建に力を入れる重農主義の政策が行われていたというふうに、それまでは教科書でも説明されていたのです。

しかし、私の意見は逆でした。定信は、江戸の一流の豪商のなかから選んだ一〇名を「勘定所御用達町人」として任命し、その人たちの資本と商業手腕をうまく都市政策の強化に利用した。今ふうなら「大蔵省パトロン」とでもいいますか、彼らにお金を出してもらって政策を行い、その代わりおまえたちにも儲《もう》けさせてやるよ、という仕組みになっていた。そういう「勘定所御用達町人」がいたことを私が研究のなかで見つけました。要は、定信がやっていたことは、田沼がすでにやっていたことと同じで、それをさらに発展させた政策であったという、それまでの通説とは違う見解を発表しました。

茂木　そのほかにもいろいろな政策が行われたと思いますが、寛政改革によって大きく変わったことは何ですか。

竹内　おもに財政金融政策についてお話ししますと、幕府は年貢《ねんぐ》、お米を国家財政の基本にしますが、農民が納められる量には限度があり、過重な年貢を強いては百姓一揆《いっき》が起きてしまう。そこで、それまで税金をかけていなかった商人も徴税の対象にしたのが田沼なのです。そして、せっかく貯まった国家財政をこのままにしておくのはもったいないので、財政金融の論理で運用しようと考えたのが定信でした。

そこで、定信が江戸の町に命じたのが「七分積金《しちぶつみきん》」という積立制度です。飢饉《ききん》などの災害や窮民救済に備え、江戸の町全体で蓄えをするために、町の地主たちが拠出する町費の倹約を命じ、その倹約額の七割を積み立てていく。そして「江戸町会所」という積金管理団体をつくって、浮いたお金を低金利で貸し付けて、その利子でどんどん積み立てを増やしていった。それによって、一年間に二万〜二万五〇〇〇両ぐらいの大金が江戸町会所に貯められていました。

国家に入ったお金を確かなところに貸して、利息を取って、元金は使わずに、その利息で持続可能な政策を行った。すごい発想です。財政金融という概念は、定信の寛政改革から生まれました。

茂木　それなら財政が非常に安定しますね。

竹内　おっしゃるとおり、寛政改革以降、しばらくは財政が安定しました。災害時に使うといっても、そうそう災害が起こるわけではないですから、幕末には一〇〇万両を超える大金が残りました。そして、そのお金を薩長《さっちょう》の新政府が使おうとしたところ、渋沢栄一が「これは江戸の町民が集めたお金であって、幕府のものではない」とストップをかけて、明治政府には使わせずに、首都東京の町づくりのために使ったのです。渋沢がそのお金を上手に運用して、東京市庁舎を建て、大学や福祉施設をつくり、橋や道路や墓など都市のあらゆるインフラが整備されました。

さすが渋沢さん、新一万円札に登場する資格は十分あります。

江戸時代の地域創生

茂木　浪人時代に出合った一冊の本がきっかけで歴史学者になられて、これまでいろいろな研究をされてきたわけですが、いちばん思い出に残っているのは何ですか。

竹内　今お話ししました「寛政改革の研究」で自分なりの新しい考えを発表しましたが、改革の前の江戸の町はどのような状況であったか、そしてどのような改革が行われ、その後どうなったのか、改革の解明と同時に、改革前後の時代、吉宗や家斉などの研究まで広げていきました。

なかでもいちばん印象深かったのは、八代将軍徳川吉宗でしょうか。吉宗は、「享保の改革」によって、破綻《はたん》しかけていた幕府の財政を再建したことは知られていますが、それだけではなくて、もっと幅の広い人だったのだなということを知りました。きっかけは、東京都北区の自治体史『北区史』のなかの近世の編纂《へんさん》を担当させていただくことになり、私の教え子たちと一緒にグループで研究したのです。

その際、桜の名所として知られる「飛鳥山公園《あすかやま》」（北区王子）という区立公園がありますが、あの桜は誰が植えたのかを調べたところ、吉宗だということがはっきりしてきました。上野の山にも数百本の桜が植えられていて、とてもきれいだったのですが、寛永寺という将軍様の菩提寺《ぼだいじ》ですから、庶民は大騒ぎができない。やはり庶民にも、思いっきり飲んだり騒いだりできるところが必要だろうと考えた。それが、吉宗が飛鳥山に桜を植えた理由の一つです。

そしてもう一つ、理由があることがわかりました。桜の季節になると、庶民と一緒にどんちゃん騒ぎをしてこいと、吉宗は部下たちに花見弁当を持たせて飛鳥山に行かせるのです。部下たちが花見から帰ってくると、二つのことを聞く。「みんな喜んでにぎわっていたか」というのが一つ。もう一つは「みんな茶屋で団子を食べていたか」ということでした。

茂木　金を落としていたか、ということですね。

竹内　そうです。要は、地域おこしなのです。庶民の憩《いこ》いの場を提供しただけではなく、村おこしまで考えて、茶屋を許可するところもセットになっている。すごいことを考えていた人なのだな、これはただ者じゃないなと。

そう思ってさらに研究を進めますと、同じく江戸時代に桜の名所として知られた「墨堤《ぼくてい》」という、かつての荒川、今の隅田川の氾濫《はんらん》から町を守るための堤防も、彼がきちっと整備させたことがわかりました。

それから、御殿山《ごてんやま》（品川区北品川）も当時は花見の名所として親しまれていたのですが、その桜を植えたのも吉宗です。今は複合施設になっていますが、敷地内の日本庭園に昔の面影が残っています。

茂木 飛鳥山も御殿山も、当時は地方でしょう。地方創生みたいなものですね。

竹内 ええ、江戸の近郊農村です。しかも、桜だけではなくて、桃を植えたところもあるのですよ。

当時は江戸の近郊だった現在の中野駅の近くに、かつて「囲町《かこいちょう》」という地名があったのですが、吉宗の時代、そこは荒漠《こうばく》たる原野が広がっていました。じつはその場所には、「犬公方《いぬくぼう》」と呼ばれた五代将軍綱吉が、一〇万匹ともいわれるお犬さまを囲っていた「御囲《おかこい》」、犬屋敷があったのですが、綱吉が失脚後、ただの荒地になってしまったわけです。そこを吉宗が鷹狩《たかが》りに出かけたときにたまたま通りかかり、桃がちょこちょこと咲いているのを見て、ここは桃がいいだろうと、紅と白の桃の木を何メートル置きに交互に植えるようにと、細かい指示を出したのです。もちろん、地元の人に茶屋の営業も許可しました。そのため、ついこのあいだまで「桃園」という地名があって、どんどん消えていますが、今でも区立の小学校に「桃園小学校」という名前が残っています。

茂木 そうやって見ていくと、地名というのはおもしろいですね（笑）。

竹内 おもしろいです（笑）。そこでもう一つエピソードをお話ししますと、「土器投《かわらけな》げ」というのがありますね。高い場所から土器の皿を、厄よけや幸運などの願いをかけて投げる。私も紅葉の季節に京都の高雄神護寺で土器投げをしたことがありますが、花見の季節に飛鳥山で土器投げがはやったのです。ところが、下に田んぼがあるので農業の障りになるとお百姓さんから苦情が出た。硬い土器がそのままどんどん残っていって自然環境を破壊しているというわけです。そこですぐにそれを売っていた茶屋が反応して、硬いのだけれども、水分を含むと土に返る土器をつくり出した。こうした環境問題まで考えていたというのは、やはり江戸の人はすごいなと感心しました。

茂木 その当時から、持続可能な社会を考えていたわけですね。

竹内 そうです。

茂木 そういうのを研究していくと楽しいでしょうね（笑）。うかがっていると、勉強そのものがご自分の趣味に合っているような感じがします。

竹内 研究というのは、本当におもしろいのですよ。浪人してから人間が変わった、というと変ですが、真実は何かと追い求めることが楽しくなりました（笑）。歴史というのは不思議なもので、ここに一つの事実があって、ここにも一つの事実がある、この二つは全然関係ないだろうと思っていると、どこかでそれらが結びついたりする。その瞬間に、陶酔感のようなものを感じることがあります。

茂木 勉強から陶酔感が得られるというのは、すばらしいことですよ。

竹内 おっしゃるとおり、本業というよりも、楽しみながら趣味でやっているのかな、なんて思ったりします（笑）。

「江戸東京博物館」館長

茂木　現在、目白にある「徳川林政史研究所」の所長を務められていますが、もともとはどのようなご縁なのですか。

竹内　今から六〇年あまり前、卒論を書くにあたって教えを乞うために訪れたのが、「徳川林政史研究所」だったのです。尾張徳川家第一九代当主の徳川義親《よしちか》さんが、尾張藩領だった木曽山を研究するために設立された研究所で、当時は徳川さんが所長を務められていました。私は、そこの主任の所三男《ところみつお》先生に卒論の指導をしてもらったのですが、その際、うちに来ないかと誘ってくださったのです。お殿さまの経営ですから、月給はわずかでしたが、好きな勉強ができるならと思いまして、結局そこに一〇年間勤めました。

茂木　それは珍しいキャリアですね。

竹内　そうしたら、信州大学からお呼びがかかりまして、一九六七年から信州に行きました。そして二年半経ったころに、今度は東京学芸大学に呼ばれて、そこには三七歳から定年の六三歳まで、二六年間勤めました。

茂木　ずいぶん長く勤められたのですね。何を教えられていたのですか。

竹内　信州大学でも東京学芸大学でも、おもに江戸時代を専門に教えていました。
茂木　ゼミはおもちでしたか。
竹内　もっていました。おかげさまで、私は巡り合わせがよくて、いい学生が多かったのです。信州大学はわずか二年半でしたが、今でも教え子たちが東京で集まって会を開いてくれますし、東京学芸大学の教え子たちも、よく付き合ってくれています。もっとも教え子といっても、ほとんどが定年過ぎか定年間近か、古稀《こき》を超えた人もかなりいます（笑）。
茂木　そのあとが「江戸東京博物館」ですか。
竹内　東京学芸大学定年のあと、立正大学の教授となりましたが、それと兼任して、一九九八年から二〇一六年まで一八年間館長をやらせていただきました。
　私が五〇代のころ、当時の鈴木俊一都知事から、「『江戸東京博物館』というものをつくることになった。学問的な裏付けをもった、しっかりとした展示にしてもらいたい」ということで、私を含め五人の専門家が呼ばれて、「展示監修委員会」が結成されました。私は江戸時代の専門で、ほかは近代、文学、建築史、民俗学などの専門の先生で、ここにはこの展示物を置くという設計を含めて、すべて一からつくりました。構想から開館まで一〇年かかりましたが、みんなで夢を語り合いながら新しいものをつくるのは、とても楽しかったです（笑）。
　その一〇年の準備期間を経て、一九九三年に開館しました。初代館長が学習院大学学長を務められていた児玉幸多《こだまこうた》先生、二代目が私ども展示監修委員を引っ張ってくださった上越教育大学教授の小木《おぎ》新造《しんぞう》先生で、開館から五年経って私に三代目のご指名があり、お引き受けしたという経緯です。現在は、開設準備時に本館の近代の展示と、分館「江戸東京たてもの園」の収蔵を担当された、建築史家の藤森照信《ふじもりてるのぶ》先生が四代目館長を務められています。

茂木　一度あそこで、現在私が日本側議長を務めている「日本・米国中西部会」のパーティーを開いたことがあります。二〇〇〇年でしたか、鹿島建設の会長だった石川六郎さんが私の前に日本側議長を務められていたときで、とても評判がよかったのです。

竹内　ありがとうございます。よく覚えています。その後にも、東京証券取引所の社長だった方がアメリカの方々を呼んでパーティーをしてくださいました。なにしろ私の夢は、「パリに行ったらルーブルへ、ロンドンに行ったら大英へ、東京に行ったら江戸博へ」が世界の合い言葉になることでしたから、あのように「江戸東京博物館」を利用してくださるのはとてもありがたいことで、世界的に認知度を高めていただく絶好の機会になりました。

栃若戦の逸話と大鵬の遺言

茂木　「江戸東京博物館」のすぐ隣に「両国国技館」がありますが、竹内さんは相撲《すもう》史も研究されて、大相撲の新弟子教育施設である「相撲教習所」では、教養講座の講師を務められていましたね。

竹内　春日野親方（元横綱栃錦）が一九七四年に「日本相撲協会」の理事長になられて、一九八五年に蔵前から両国に国技館が移ったのですが、その移転に尽力されたのが春日野親方と、当時理事長代行だった二子山親方（元横綱初代若乃花）でした。蔵前にあった「相撲教習所」も両国に移転し、その際、春日野理事長から講師を務めてほしい、と直接依頼をいただきまして、私は栃錦の大ファンだったものですから、「やります！」とお引き受けしました（笑）。

茂木　栃錦と若乃花、「栃若時代」の相撲はおもしろかったですね（笑）。

竹内　お互い小兵力士でしたが、スピード相撲でしたから。

茂木　そのころと比べると、今の関取は体が大きすぎるのではないでしょうか。大きすぎるとケガもしやすくなるでしょう。大鵬《たいほう》、柏戸のころから大型化していましたが、最近は超大型化していますね。

竹内　今は平均体重が一六〇キロぐらいです。二〇〇キロ以上の関取は逸ノ城《いちのじょう》と魁聖《かいせい》、二人います。大型化すると、ある意味、相撲はつまらなくなるのです。うっちゃりや吊り出しもないでしょう。あんなに大きい体を吊ろうとしたら腰が砕けますからね。

茂木　日本の若者で相撲取りになる人が減っているでしょう。昔は中学校卒業と同時に相撲部屋に入門する人が多かったですが、今は少ないですね。

竹内　現在の関取の構成は、名門の高校や大学を出ている人が全体の三分の一、モンゴル勢を中心とする外国人が三分の一、そして、いわゆる「たたき上げ」といいますか、八角理事長や亡くなられた北《きた》の湖《うみ》前理事長のように、両国中学校など、中学を出るとすぐに部屋に入る人が三分の一ぐらいです。

茂木 今おっしゃった「たたき上げ」と、高校や大学の相撲部を経て部屋に入るのとでは、どのような違いが出てくるのでしょう。やはり、「たたき上げ」のほうが体がつくられるのでしょうか。

竹内 大学を出てから横綱になったのは、これまで輪島だけです。やはり、それには限界があって、もう一歩上へいけない。とくに大学出の人のなかには、根性が欠けているといいますか、理論先行で、心と体が伴わない人が時折おられます。いちばん欠如しているのが礼儀作法だと思います。「たたき上げ」は徹底的に礼儀作法を教え込まれますが、大学選手権などで優勝して部屋に入ると、将来は大物になるからと、親方も金の卵を扱うように大事にしますから、付け人経験も少なく、すぐに大将気分になってしまう。ですから、今の親方のなかには、大学を出て大関までいった人でも、自分で袴《はかま》を畳めない人がいるという噂《うわさ》もよく耳にします。

茂木 早くから兄弟子の着物を畳んで覚えるわけですからね。

竹内 「相撲教習所」の講師をしていたときに、国技館内にある「相撲博物館」の館長をされていた大鵬さんとよくお話をしました。大鵬さんが生まれ育った家庭は、ものすごい貧乏だったそうで、相撲部屋に入れば、毎日三度必ず白いご飯がいっぱい食べられるから、それを楽しみに入門したというエピソードをはじめ、相撲のことだけではなく、いろいろな人生話も聞かせてくれました。

そして最後に、「日本の相撲界に残したいことは何ですか」と質問すると、大鵬さんはこうおっしゃいました。

基本の稽古を今の人たちはやらない。人が一〇〇回やったら、自分は二〇〇回、三〇〇回とやらないと勝てなかったよ。「四股《しこ》」「鉄砲」「すり足」、この三つの基本をしっかりやる人が強くなる。ところが、近ごろはいきなりバーベルを使って筋力トレーニングをしている。千代の富士がそれをはじめたのは、肩の脱臼を繰り返していたから、その周りを補強する筋肉をつくることが目的だったのであって、ボディビルダーのような逆三角形の体をつくるためにやったわけではないんだよ。

と。これは基礎の基礎で非常に大事なことですから、私は大鵬さんの遺言だと思って、若い力士たちに伝えているのです。

茂木 大鵬は立派な関取でしたね。

竹内 人としてもすばらしい方でした。

茂木 竹内さんご自身が、今までで一番印象深かったのはどの取り組みですか。

竹内 私は栃錦のファンでしたから、やはり、一九六〇年に大阪府立体育会館で行われた、三月場所千秋楽《せんしゅうらく》の栃若戦です。栃錦と若乃花ともに一四戦全勝、横綱同士による史上初の楽日全勝相星決戦で、勝ったほうが優勝するという大一番、それを制したのは若乃花でした。栃錦が差し手を抜いて切りにいった。切った瞬間に若乃花が前に出て、栃錦は寄り切られてしまったのです。

私は「相撲教習所」の講師をしていましたので、年に何回か執行部の親方に招かれて、ちゃんこをいただきながらいろいろとお話をする機会がありました。あるとき、春日野親方と二子山親方、二人を前にして、あの大一番で勝負をかけて差し手を抜いたことについて、

「ずいぶん思い切ったことをやりましたね」と春日野親方に聞いたのです。すると、

「あれは一か八かだった」という答えが返ってきたので、

「なぜそうしたのですか?」と聞くと、

「相手のほうが若い。このままいったら、俺は体力に限界がきているからずるずると惨めな負け方になる。横綱は惨めな負け方をしてはいけない。負けるにしても横綱らしい負け方をしようと思った」

とおっしゃった。

茂木　惨めな負け方を避けるためにやったというのは、横綱としての筋が通っていますね。

竹内　今度は二子山親方に尋ねると、

「俺は前の日から勝つと思っていた」と言うのです。驚いて、

「なぜですか?」と聞き返すと、

「いつもはお酒を寝る前に二、三杯飲めば眠れたのに、あの日は明日のことを考えると何杯飲んでも眠

れなくて、近くの映画館に行ったんだ。だんだん暗さに目が慣れてきたとき、目の前にどこかで見た後ろ姿があるなと思ったら栃錦関だった。彼も眠れないのかと。それで俺は、気づかれないようにさっと外へ出た。そのときに夜空を見上げながら『よし。あしたの勝負は俺が勝つ』と、思ったんだよ」とおっしゃったので、春日野親方に、

「若関がうしろにいらっしゃったことに気づかれていましたか」と聞くと、

「気がつくわけないじゃないか。うしろに目はないよ」と（笑）。

茂木　おもしろい話ですね（笑）。

竹内　教習所の講師をさせていただいたおかげで、お二人から直接そうした逸話を聞くことができたのはありがたかったです。

茂木　ところで、竹内さんは少し前までご病気で入院されていたそうですが、きょうお会いしてお話をうかがっていると、お元気ですね。

竹内　私は一八年間務めた「江戸東京博物館」の館長を勇退というかたちで、辞めさせていただきました。そして、最初にお世話になった「徳川林政史研究所」の所長を現在まで二〇年間務めているのですが、そこで再度本腰を入れて歴史学の研究に没頭しようと思っていた矢先、昨年、心臓の大手術で三か月間入院したのです。

それで、「自分の先が見えた瞬間」というのがありまして、相撲の歴史について書いているのが途中

のままなのですが、これから二〜三年のあいだになんとか自分なりにまとめて本にして、私がこの世に生きた証《あかし》として皆さんにご披露したいと、強く思いました。もちろん相撲の話だけでなく、江戸っ子豪商とか、観光都市江戸とか、江戸の町に関する本を五冊ぐらい、できれば書き残したいなと。それを、自分の終わりどころを見計らいながらやっていくというのが、私のこれからの余生だと思っています。

茂木　それは楽しみですね。これまで、相撲の本で学者が書いたものはほとんどないでしょう。完成を心待ちにしております。

今日はお忙しいところ、ありがとうございました。

竹内　こちらこそ、ありがとうございました。

（二〇一九年三月二〇日「銀座吉兆」にて）

（『味の手帖』六〇九号）

Profile

茂木友三郎

キッコーマン（株）取締役名誉会長
取締役会議長
日本生産性本部会長
1935年千葉県生まれ。58年慶應義塾大学法学部卒業後、キッコーマン（株）入社。61年米国コロンビア大学経営大学院卒業、日本人第1号のMBA取得。95年代表取締役社長CEO、2004年代表取締役会長CEO、11年取締役名誉会長　取締役会議長就任、現在に至る。日本アカデメイア共同塾頭、経済同友会終身幹事、日本米国中西部会会長など。1999年藍綬褒章、2003年オランダ王国オレンジ・ナッソー勲章、06年ドイツ連邦共和国功労勲章大功労十字章受章。18年文化功労者。著書に『醤油がアメリカの食卓にのぼった日』（PHP研究所）、『キッコーマンのグローバル経営』（生産性出版）、『国境は越えるためにある――「亀甲萬」から「KIKKOMAN」へ』（日本経済新聞出版社）など。

跋　文――竹内誠先生への感謝に代えて

本書の著者竹内誠先生は、二〇二〇年九月六日に永眠された（満八六歳、戒名「賢徳院碩學誠寛大居士」）。

先生の歴史学研究は、一九五三年の東京教育大学入学とともにはじまった。当時日本社会は、一九四五年の第二次世界大戦敗戦後の復興・民主化の時代、学問・教育の自由化のなかにあった。戦後歴史学は、世界史の基本法則のもと、日本社会の近代化を阻害する封建遺制の克服に向けて、農村史研究が活発化した。先生が、のちに会長を務める地方史研究協議会が一九五〇年、関東近世史研究会が六二年に、それぞれ設立されたのも、こうした潮流のなかにあった。

一九六〇年代、近世史研究においては封建制の日本的特質を追究する幕藩制構造論が提起され、幕府を中心とする統一権力と農村構造の関係が追究された。当時、東京教育大学大学院生として本格的研究に取り組んでいた竹内先生は、一八世紀後半（宝暦～天明期、田沼時代）の農村構造や都市構造の変化と幕府政治の対応に焦点を当て、次々と研究成果を発表した。のちに、先生は授業やゼミなどで、下部構造（経済社会）と上部構造（政治過程）の変化をつなぐ「媒介項」をとらえる大切さを繰り返し説かれた。先生の天明の江戸打ちこわし、寛政改革の公金貸付政策、関東郡代伊奈氏失脚などに関する論文は、いずれも媒介項を用いた研究成果であった。

七〇年代、社会科学分野において、ポストモダン（脱近代）に向けて国民国家論が注目されると、近世史研究では国家権力の特質や国民統合の原理の解明をめざす幕藩制国家論が提起された。近世史研究の重心は、農村史研究から、国家支配の拠点・近代化の実態を探る都市史研究に移った。

この時期、先生は信州大学・東京学芸大学・立正大学などのアカデミズム研究・教育活動に加え、八六年に日本相撲《すもう》協会相撲教習所講師、九六年に歴史学会会長、九八年に東京都江戸東京博物館館長と徳川林政史研究所所長に就任し、九九年NHK大河ドラマ『元禄繚乱《りょうらん》』をはじめとする時代劇の時代考証を担当するなど、活動領域を大きく広げ、研究テーマも新たな視覚・方法のもと、さまざまな史料を駆使して、都市江戸を中心に元禄商人、山の手下町、江戸っ子、盛り場、祭礼、盗賊、相撲、大奥など、社会・生活・文化・意識へと多様化・精緻化し、独自の世界を確立していった。

しかし、先生の研究の基本的姿勢は変わらず、それぞれの媒介項を手がかりに、都市江戸の社会構造の変化と幕政の変化・民衆意識の成長、さらには日常から非日常への転化など、さまざまな歴史シーンを丁寧に描き出した。「なぜこの事象が、この時期に、この場所で起きたのか」と問い、幕府史料、地域史料、さらには随筆や日記など文芸史料を駆使し、論理的かつ実証的に論じた。

本書は、第二次世界大戦を経験し、戦後民主化から今日のパンデミックまで、先生が時代を生き、折々に組織や集団を指導してきた人生と研究の足跡でもある。

先生は、二度の大きな手術と長期の入院、ステージ4の癌告知にもかかわらず、最後まで研究への情熱を失わなかった。病床で著した最後の論文「材木豪商・奈良屋茂左衛門《ならやもざえもん》考証（上）」（徳川林政史研究所『研究紀要』54号（『金鯱叢書』47輯、二〇二〇年）は、謎の多い元禄豪商奈良屋茂左衛門の生涯を、史料をもとに復元した地道な実証研究であり、文字どおり、総決算の作業であった。

病室の先生は、病魔のためにひと回り小さくなっていたが、眼光は変わらなかった。テレビからはニュースが流れ、最新の政治問題・社会問題を、ユーモアを交えて鋭く批評した。最後まで、真正面から社会と向き合い、研究スタイルを貫いたアカデミシャンであった。

新型コロナ禍のなか、静かな旅立ちとなった。ご家族の話では、最後の入院のとき、コロナウイルス検出のためにＰＣＲ検査を受ける際、「最新の検査を受ける」と冗談を言ったという。ともすると、深刻になりがちなご家族を気遣い和ませる先生らしいひと言だと思った。

後進の私たちは、先生から学んだ学問の厳しさと楽しさ、さらには学問にかける情熱と誠実さをしっかりと受け継ぎ、現代社会と世界に正面から向き合い、近世史研究、歴史学研究のさらなる発展に尽力することを誓い、本書を刊行するものである。

あらためて先生の御恩に感謝するとともに、御冥福をお祈りしたい。

東京学芸大学名誉教授　大石 学

略年譜

一九三三年一〇月二九日　東京市日本橋区人形町に生まれる
一九五二年三月　東京都立上野高等学校（新制）卒業
一九五七年三月　東京教育大学文学部史学科日本史学専攻卒業
一九六〇年三月　東京教育大学大学院文学研究科修士課程日本史学専攻修了
四月　東京教育大学大学院文学研究科博士課程日本史学専攻入学
徳川林政史研究所研究員
一九六三年五月三〇日　海老原睦子さんと結婚（式場・上野精養軒）
一九六四年三月　東京教育大学大学院文学研究科博士課程日本史学専攻単位取得退学
四月　徳川林政史研究所主任研究員
一九六七年一〇月　信州大学教育学部助教授（〜一九七〇年三月）
一九六八年四月　信州大学人文学部助教授併任（〜一九七〇年三月）
一九七〇年四月　東京学芸大学教育学部助教授（〜一九七九年三月）
一九七七年一二月　東京教育大学より文学博士の学位授与
一九七九年四月　東京学芸大学教育学部教授（〜一九九七年三月）
一九八六年四月　日本相撲協会相撲教習所講師（〜一九九四年三月）
一九九六年四月　東京都江戸東京博物館専門参与（〜一九九八年三月）
一一月　歴史学会会長（〜二〇〇〇年一一月）
一九九七年四月　立正大学文学部史学科教授（〜二〇〇四年三月）
六月　東京学芸大学名誉教授
一九九八年四月　東京都江戸東京博物館館長（〜二〇一六年六月）
六月　財団法人日本博物館協会副会長（〜二〇〇六年六月）

一〇月	徳川林政史研究所所長（～二〇二〇年六月）
二〇〇四年四月	立正大学大学院文学研究科非常勤講師（～二〇〇七年三月）
六月	国際浮世絵学会内山賞受賞
二〇〇六年六月	財団法人日本博物館協会会長（～二〇一〇年六月）
二〇〇七年六月	日本相撲協会相撲教習所講師に一三年ぶりに再任（～二〇一七年九月）
二〇〇八年一〇月	地方史研究協議会会長（～二〇一〇年一一月）
二〇一〇年六月	公益財団法人日本博物館協会顧問
二〇一二年一〇月	東京都中央区より名誉区民顕彰者に選定
二〇一六年三月	第67回ＮＨＫ放送文化賞受賞
六月	東京都江戸東京博物館名誉館長
二〇二〇年六月	徳川林政史研究所名誉所長
九月六日	悪性リンパ腫による呼吸不全のため永眠（満八六歳）。戒名は「賢徳院碩學誠寛大居士」

主な著書

『江戸と大坂』〈大系日本の歴史〉10（一九八九年一月、小学館）
『相撲の歴史』（一九九三年一二月、日本相撲協会）
『元禄人間模様——変動の時代を生きる』（二〇〇〇年一月、角川書店）
『江戸の盛り場・考——浅草・両国の聖と俗』（二〇〇〇年五月、教育出版）
『現代に生きる江戸談義十番』（二〇〇三年一〇月、小学館）
『江戸は美味い——「大江戸談義」十八番勝負』（二〇〇八年四月、小学館）
『寛政改革の研究』（二〇〇九年七月、吉川弘文館）
『江戸社会史の研究』（二〇一〇年一〇月、弘文堂）
『春夏秋冬 江戸っ子の知恵』（二〇一三年一一月、小学館）

江戸を知る　江戸学事始め

2022年10月29日　第1版第1刷発行
2022年12月18日　第1版第2刷発行

著　者　竹内 誠
発行者　柳町 敬直
発行所　株式会社 敬文舎
〒160-0023　東京都新宿区西新宿3-3-23
ファミール西新宿405号
電話　03-6302-0699（編集・販売）
URL　http://k-bun.co.jp
印刷・製本　中央精版印刷株式会社

Printed in Japan ISBN978-4-906822-27-0